AF401663

LES ERREURS

DES DÉMOCRATES

DE LA «JUSTICE SOCIALE»

ABBEVILLE. — IMPRIMERIE F. PAILLART.

L'ABBÉ J. DALBIN

Les Erreurs

des

Démocrates

de la « Justice sociale »

> « Je n'obéis ni à des préjugés, ni à un parti
> pris, ni à aucun sentiment de malveillance à
> l'égard des personnes. Presque tous les auteurs
> de textes que je citerai me sont inconnus. »
>
> Mgr. Turinaz : *Les Périls de la Foi.*

PARIS (VIe)

Librairie VIC & AMAT

11, rue Cassette

1905

A SAINT MICHEL-DU-PÉRIL,

Protecteur de la France !

ARCHEVÊCHÉ DE CAMBRAI

Cambrai, le 5 Février 1900.

Monsieur l'Abbé,

Avant de vous remercier du gracieux envoi que vous m'avez fait de votre brochure : *Les Erreurs des démocrates de la Justice sociale*, j'ai voulu la parcourir rapidement. Je vous félicite d'avoir eu le courage d'entreprendre ce pénible travail, et d'avoir pu condenser, en moins de 200 pages, un si grand nombre de citations, suivies d'une courte et suffisante réfutation.

Quand mille textes, épars dans les différentes feuilles d'un journal, sont ainsi rapprochés, on comprend mieux la portée de ces propositions téméraires, erronées, irrespectueuses ; on voit bien qu'il ne s'agit pas de paroles échappées dans la chaleur d'une discussion, mais qu'il y a là un système suivi, une *école*.

C'est cette *école moderne*, que quelques autres journaux et surtout certaines revues très dangereuses ont mise à la mode, et qui a séduit une partie du jeune clergé. Sous prétexte qu'il faut harmoniser les vérités de la Foi avec les exigences de la *science contemporaine*, cette école est en train de nous faire un christianisme qui soit le moins chrétien possible ; et on se demande si l'Eglise de France n'est pas menacée d'un semi-arianisme dont il est temps d'arrêter les ravages.

Votre brochure, Monsieur l'Abbé, vient donc en temps opportun ; et la conscience d'avoir bien fait vous dédommagera des attaques, et peut-être des insolences, auxquelles il faut vous attendre.

Veuillez agréer, Monsieur l'Abbé, avec mes remerciements et félicitations, l'assurance de mon sincère dévouement.

✝ Henri MONNIER,

Évêque de Lydda.

LES ERREURS

DES DÉMOCRATES

DE LA « JUSTICE SOCIALE »

I

Un acte épiscopal contre la « Justice sociale » et ses idées « funestes ».

Le 31 août 1901, Mgr Dubillard, évêque de Quimper, publiait, dans la *Semaine religieuse* de son diocèse, un « Communiqué de l'évêché » qui est historique :

« Nous nous permettons d'appeler de nouveau l'attention de nos vénérés confrères sur une propagande très active qui se fait auprès des séminaristes en vacances, et dont Mgr l'Evêque a entretenu ses prêtres, dans ses conférences, pendant les retraites pastorales.

« Il s'agit non seulement des journaux la *Justice sociale* (1) et la *Voix du Siècle* (2), qui sont mis à la disposition des séminaristes pendant les vacances, à des prix dérisoires, et *dont la lecture ne peut qu'être funeste à la discipline ecclésiastique et à la formation du jeune clergé*, mais encore, et surtout, de certaines correspondances lithographiées, faites exclusivement pour

(1) Journal de M. l'abbé Naudet.
(2) Journal de M. l'abbé Dabry, passé depuis à la *Justice sociale*.

1

les séminaristes, et qui sont propagées, à l'heure présente, dans presque tous les diocèses de France. Ces correspondances portent des noms différents ; mais toutes sont rédigées avec le même esprit ; elles s'appellent : *Caritas, Trait d'union, Lien, Chaîne* (1).

« Nous ne mettons pas en cause les intentions des inspirateurs de cette campagne ; et cependant nous ne pouvons point ne pas remarquer l'analogie qui existe entre ce travail souterrain et les programmes élaborés depuis si longtemps dans les loges maçonniques et, rapportés dans un journal d'où nous les extrayons : « S'il est intéressant pour nous, écrivait Weishaupt à la fin du XVIIIe siècle, d'avoir les écoles ordinaires, il paraît aussi très important de gagner *les séminaires ecclésiastiques et leurs professeurs.* Avec ce monde-là, nous avons la principale partie du pays ; nous mettons de notre côté les plus grands ennnemis de toute innovation, et, ce qui est par-dessus tout, avec les ecclésiastiques, le peuple et les gens du commun se trouvent entre nos mains. »

« Nous prions nos vénérés confrères d'apporter à la communication que nous avons l'honneur de leur faire *la plus religieuse attention.* »

« Cet acte épiscopal, dit M. l'abbé Maignen (2), fut immédiatement reproduit par toute la presse catholique, sauf l'*Univers-Monde,* et par les *Semaines religieuses* de Paris, de Reims, d'Autun et d'une trentaine d'autres diocèses. »

Violemment pris à partie par la *Justice sociale* de M. l'abbé Naudet et la *Voix du Siècle* de M. l'abbé

(1) C'est M. l'abbé Maignen, le courageux adversaire de l'américanisme, qui avait révélé, dans la *Vérité Française* du 10 août 1901, l'organisation de ces diverses feuilles des « *séminaristes sociaux* ».

(2) *Nouveau Catholicisme et Nouveau Clergé,* p. 381.

Dabry, Mgr Dubillard leur répondait dans deux *Lettres*, l'une du 22 septembre 1901, l'autre du 14 octobre, par laquelle il fermait sa *Semaine religieuse* à une longue réponse de M. l'abbé Naudet, et affirmait avoir accompli un acte « de juridiction tout ecclésiastique », dont il ne devait compte qu'aux tribunaux de Rome, devant lesquels il évoquait ses contradicteurs.

« Là, Dieu aidant, ajoutait le vénérable prélat, nous essaierons d'établir et nous établirons avec pièces à l'appui :

1° Qu'en donnant notre Communiqué du 30 août, nous n'avons fait qu'user de notre droit ;

2° Que nous avions des raisons particulières et très graves de le publier dans notre *Semaine religieuse* ;

3° Que nous n'avons pas excédé la mesure de nos pouvoirs dans ce document, ni quant au fond, ni quant à la forme. »

MM. Naudet et Dabry se sont bien gardés de faire appel à Rome d'un jugement épiscopal, auquel ont adhéré plus de *trente Semaines religieuses* et qui déclare que la lecture de la *Justice sociale* et de la *Voix du Siècle* « NE PEUT QU'ÊTRE FUNESTE A LA DISCIPLINE ECCLÉSIASTIQUE ET A LA FORMATION DU JEUNE CLERGÉ ».

La *Voix du Siècle* a disparu, comme la *Vie catholique*, comme l'*Église militante* et deux autres journaux successivement dirigés par M. l'abbé Dabry ; mais recueilli, malgré tous ces avatars, par la *Justice sociale* au commencement de 1905, il a vu sa collaboration annoncée comme une « bonne nouvelle », et ainsi appréciée par M. l'abbé Naudet :

Le collaborateur tout indiqué ne pouvait être, en effet, que cet ami cher, ce vaillant frère d'armes qui a tant travaillé et souffert pour la cause dont il a été non seulement le *soldat*, mais *encore le martyr* (?) et qui se nomme l'abbé Dabry.

Il n'est pas nécessaire de vous dire s'il a du talent et s'il connaît le métier. Je suis persuadé qu'avec lui la *Justice sociale* verra encore augmenter son action.

On vous dira peut-être qu'il a déjà eu plusieurs journaux tués sous lui. Bah ! les journaux, c'est comme les chevaux dans la bataille ; qu'importe qu'ils meurent, si le soldat ne meurt pas ?

M. Dabry continue à la *Justice sociale*, avec M. l'abbé Naudet, l'œuvre « funeste » dénoncée, condamnée par Mgr l'Evêque de Quimper et par Mgr Turinaz.

Mgr Turinaz, en effet, dans les *Périls de la foi*, 1902, écrivait ces graves paroles :

« J'ai la conviction profonde que les plus grands périls de l'Eglise de France, à cette heure, ne viennent pas du dehors... Ils viennent de doctrines fausses ou dangereuses qui atteignent indirectement ou directement la foi elle-même, des tentatives qui ont pour résultat de rompre les liens de la discipline, de semer dans le clergé la division et la révolte, de transformer d'une façon *déplorable* l'esprit et l'éducation des séminaristes et des jeunes prêtres. »

Le vaillant évêque de Nancy dénonçait M. l'abbé Dabry, p. 17, pour avoir salué en M. Loisy « le plus grand exégète du catholicisme » (*Vie catholique* du 21 octobre 1900), p. 61-62 ; pour avoir écrit que les prêtres devraient aller « se faire baptiser hommes » et secouer « les chaînes d'un système odieux », « la hiérarchie » ; p. 68, pour avoir publié un article : *Bravo ! les séminaristes* (*Eglise militante* du 14 décembre 1901), où étaient exaltés les Bulletins publiés par les séminaristes, avec des doctrines comme comme celle-ci : « Il n'y a plus que le peuple et Dieu, et *le peuple est la moitié de Dieu.* » « C'est la folie de l'orgueil, » ajoutait Mgr Turinaz. — Il dénonçait M. l'abbé Naudet, pp. 44-45-46, pour avoir pris une attitude incorrecte vis-à-vis du « supérieur » de M. l'abbé Sifflet, le cardinal archevêque de Lyon ; pp. 62-63-64, pour avoir « scandalisé » ses auditeurs d'Angers, de Lille, du Collège libre des sciences sociales, par ses hardiesses et sa théorie sur la fille « tombée jusqu'au ruisseau », qui est « relevée par sa maternité », et qu'il faut « saluer en passant ».

Mgr Turinaz écrivait, en juillet 1905, à M. l'abbé Dabry une lettre qu'a publiée la *Justice sociale* et où il disait, à propos de cette phrase de M. Dabry :

« Je vois peu de choses dans l'esprit général, dans les habitudes, dans la méthode des catholiques, et même dans toute l'organisation ecclésiastique *française*, qui ne soient marquées du signe de la ruine, etc.

« Même avec la restriction qu'exprime le mot *française*, vos affirmations dans le texte cité sont de *la plus haute gravité*. »

Savez-vous comment répondent MM. Dabry et Naudet à ces graves accusations épiscopales ? Par des « avis » comme le suivant, paru plusieurs fois et en dernier lieu dans la *Justice sociale* du 15 juillet 1905 :

Nous rappelons à tous les jeunes prêtres que nous leur offrons gracieusement un abonnement de trois mois à la Justice sociale. Il leur suffit, pour recevoir le journal, qu'ils veuillent bien nous envoyer leur carte avec ces mots : Nouveaux prêtres.

S'adresser à M. l'Administrateur de **La Justice sociale**, 12, rue Littré, Paris (6ᵉ).

Comme beaucoup de séminaristes et de catholiques ignorent les mesures prises par Mgr de Quimper, les éloquentes dénonciations de Mgr Turinaz et surtout les raisons péremptoires qui les ont déterminées, il faut les faire connaître, pour que les jeunes esprits ne se laissent plus séduire par les propos et les théories étranges de M. l'abbé Naudet à « l'ivresse du verbe », comme il l'avoue lui-même, et par les excentricités de

M. l'abbé Dabry, qui « a tué sous lui » cinq feuilles périodiques.

« L'erreur est une faiblesse humaine bien pardonnable : *errare humanum est* » ; mais y persister, en dépit de tous les avertissements, ou, du moins, donner presque toujours dans les opinions les plus erronées, est-ce tolérable dans une feuille comme la *Justice sociale* qui se dit catholique, et portait jusqu'en ces derniers temps la déclaration suivante en tête de ses colonnes :

Le directeur et les rédacteurs de la *Justice sociale* déclarent soumettre humblement toutes les assertions, théories ou doctrines, exposées ou professées dans ce journal, au jugement et à la sanction de la sainte Église catholique, et du Siège apostolique de Pierre. Ils réprouvent, condamnent, effacent par avance tout ce que son autorité y pourra trouver à effacer, à condamner, à réprouver. Fasse Dieu que nous n'hésitions jamais à sacrifier nos opinions personnelles, et ce que l'infirmité de l'esprit humain nous aurait fait croire bon, juste et vrai, à l'enseignement intégral et aux décisions infaillibles du Vicaire de Jésus-Christ.

Cette déclaration a disparu, depuis le mois de février 1905, de l'en-tête de la *Justice sociale*.

Est-ce scrupule ou remords ?

N'est-ce pas plutôt crainte de fournir des verges pour se faire battre ?

Quoi qu'il en soit, il est facile à un homme exempt de toute passion et de tout préjugé, d'établir, pièces en mains, les *erreurs* graves qu'a soutenues et que soutient la *Justice sociale* :

Erreurs sur *le dogme et la morale* catholiques ;

Erreurs sur *l'exégèse et la Bible* ;

Erreurs sur *la dévotion envers les saints* ;

Erreurs sur *les questions sociales* ;

Erreurs sur *les questions historiques et politiques* ;

Erreurs enfin de *polémique.*

C'est la *Justice sociale* elle-même qui nous édifiera sur ses propres idées ; l'exposition lui en sera toujours empruntée, afin que les lecteurs soient parfaitement convaincus qu'il ne s'agit nullement ici de faire un réquisitoire passionné : c'est un examen historique et impartial d'opinions théologiques, exégétiques, hagiographiques, sociales et politiques, qui ont mérité d'être qualifiées de « funestes » par un de nos évêques, de « déplorables » par un autre de nos « pères dans la foi », et qui sont assez dangereuses pour encourir le blâme le plus sévère de tous ceux qui veulent garder l'intégrité de l'Evangile et de la foi dans les âmes, surtout dans le jeune clergé, auquel affecte de s'adresser la *Justice sociale,* par une propagande aussi ardente que fâcheuse.

II

Erreurs de la « Justice sociale » sur le dogme et la morale catholiques.

Saint Paul recommandait à son disciple Timothée « d'éviter les nouveautés profanes jusque dans les mots : *devitans profanas vocum novitates* (1). » M. l'abbé Naudet, qui, sans doute, ne rêve pas d'être un Timothée, court après toutes « les nouveautés profanes », dont il prend, non seulement « les mots », mais encore les idées.

Voici l'*américanisme* : M. Naudet y donne en plein.

Voici les *hardiesses de M*^{me} *Marie du Sacré-Cœur* : M. Naudet les patronne de son mieux.

Voici encore le *loisysme* : M. Naudet s'en fait l'écho adouci, mais parfois trop fidèle.

Voici enfin les étranges théories *dogmatiques* de M. Le Roy : M. Naudet ne peut s'abstenir de les défendre.

Etablissons par des faits ces premières erreurs de la *Justice sociale*, en renvoyant à plus tard ce qui concerne le *loisysme, l'exégèse et la Bible*.

*_**

L'*américanisme* est un ensemble de doctrines, découlant de ce principe : « Pour ramener plus facilement à

(1) Ire à Timothée, vi, 20.

la vérité catholique les dissidents, il faut que l'Eglise
s'adapte davantage à la civilisation d'un monde par-
venu à l'âge d'homme et que, se relâchant de son
ancienne rigueur, elle se montre conciliante à l'égard
des aspirations et des exigences des peuples modernes. » De là, pour le dogme, l'opportunité « de
passer sous silence ou de tempérer certaines affirmations doctrinales,... de ne plus même leur donner le
sens auquel l'Eglise s'est toujours tenue (1). » De là,
dans la discipline de l'Eglise, « l'introduction d'une
certaine liberté, afin que la puissance et la vigilance de
l'autorité se trouvant en quelque façon amoindries,
chaque fidèle ait la faculté de développer plus librement les ressources de son initiative et de son activité,... et puisse, le magistère infaillible du Pape une
fois sauvegardé, avoir plus libre champ pour penser et
agir. » De là, « la superfluité de toute direction extérieure ; l'Esprit-Saint répand aujourd'hui dans les
âmes fidèles des dons plus étendus et plus abondants
que dans les temps passés... Les vertus *passives* conve-
naient mieux aux siècles passés ; les vertus *actives*
sont mieux adaptées au temps présent... Les vœux
émis par les religieux sont tout à fait opposés au génie
de notre temps, parce qu'ils restreignent les limites de
la liberté humaine. Ils conviennent plutôt aux âmes
faibles qu'aux âmes fortes... »

Cette définition de l'*américanisme*, ou de la manie de
« vouloir tout adapter aux exigences du siècle », est
de Sa Sainteté Léon XIII dans sa *Lettre* au cardinal
Gibbons, 22 février 1899, et nous la citons pour qu'on

(1) Le Pape oppose à cette assertion un démenti formel :
« Le sens des dogmes sacrés une fois déclaré par notre sainte
Mère l'Eglise, dit Léon XIII, doit être perpétuellement conservé, et
il ne faut pas s'en écarter sous prétexte de l'entendre d'une manière plus profonde. »

ne nous accuse d'aucune inexactitude. (Voir l'abbé Maignen : *Nouveau Catholicisme et Nouveau Clergé*, pp. 26 et suiv.)

A peine l'*américanisme* est-il importé en France par la traduction que publie M. l'abbé Klein, en juin 1897, de la *Vie du P. Hecker* (par le P. Elliot) que dénoncera en 1898 le livre de M. l'abbé Maignen : *Le P. Hecker est-il un saint?* qu'aussitôt M. l'abbé Naudet, malgré de timides réserves sur la *Préface* de M. Klein et l'œuvre du P. Elliot, épouse les idées des américanisants, exalte le P. Hecker (juillet 1897), ainsi que les *vertus actives*, et passe son temps, dans la *Justice sociale* de juillet-août 1898, à dévoiler les prétendus « dessous » de la vaillante campagne de l'abbé Maignen :

« Quand on devrait nous *traiter d'hérétiques* (!!), lisait-on dans la *Justice sociale* du commencement de juillet 1897, nous croyons ces vertus (les vertus *actives*, force, justice, prudence, tempérance), supérieures à l'humilité et à l'obéissance, et on *devrait* nous en entretenir quelquefois...

« On va naturellement nous opposer des textes nombreux, disposés comme une armée rangée en bataille, avec la prétention de nous écraser. Mais cela ne nous émeut pas beaucoup, même ne nous émeut aucunement, et nous persistons à croire *qu'il y a sur ce point un changement nécessaire dans les méthodes de notre spiritualité...*

« A ce point de vue, on pourrait se demander si l'*Imitation de Jésus-Christ* a sur les âmes, à notre époque, une *influence aussi heureuse qu'on veut bien l'affirmer* (!!). Naturellement certains vont crier au blasphème et nous dire : « Le plus beau livre qui soit sorti de la main des hommes, puisque, etc. » Mais cela ne suffit pas pour nous convaincre. Nous croyons que ce livre très beau, en maints endroits d'une psychologie très fine et très pénétrante, *pousse trop* à l'anéantissement de la personne humaine, et qu'un *recueil* de maximes *recueillies* (1) ou composées par un moine du xive siècle (2) pour d'autres moines, *ne saurait être le livre d'une société* qui n'a rien de monastique, pas plus dans son éducation que dans son esprit et ses allures. Pour notre part, nous avons rencontré des âmes qui ne pouvaient s'en accommoder. »

N'est-ce pas que voilà bien arrangée l'*Imitation*, qui convertissait La Harpe et que traduisait si bien Lamennais, il y a quelque soixante ans, pour qu'elle eût « une influence heureuse » sur « une société » qui ressemblait fort à la nôtre ?

Mais Rome a parlé : la *Lettre* de Sa Sainteté Léon XIII au cardinal Gibbons, 22 février 1899, provoque la soumission empressée, édifiante, de Mgr Ireland, de Mgr Keane, de M. l'abbé Klein, de Mgr O'Connel, du P. Deshon, supérieur des Paulistes. Croyez-vous que la *Justice sociale*, qui a consacré, pendant un mois, sa première page à défendre la *Vie du P. Hecker*, va se soumettre, elle aussi, comme tous les *leaders* de l'américanisme ? Lisez plutôt l'article de M. l'abbé Naudet, 11 mars 1899 :

« Le Pape, après avoir condamné un ensemble de propositions, que l'on ne trouve, d'ailleurs, ni dans le P. Hecker, ni dans le cardinal Gibbons, ni dans Mgr Ireland, ni dans Mgr Keane, ni dans les œuvres des autres théologiens, orateurs ou philosophes américains récemment attaqués, ajoute ces mots : « Nous

---

(1) Admirez en passant cette phraséologie redondante : *Recueil de maximes recueillies !*

(2) Un érudit pourrait faire remarquer que l'*Imitation* est très probablement de Gersen, au xiiie siècle ; mais passons.

ne pouvons approuver ces opinions dont l'ensemble *est désigné sous le nom d'américanisme.* »

« Le Pape se garde bien d'attribuer à nos frères d'outre-océan ce *qu'a enfanté l'imagination féconde des écrivains qui reçoivent le mot d'ordre dans les bureaux de la* Vérité. »

Ainsi donc, voilà un prêtre catholique qui ose dire à des catholiques que Sa Sainteté Léon XIII écrit à un cardinal et à tous les évêques d'une grande et illustre Eglise, pour réprouver des erreurs purement « imaginaires », fabriquées dans « les bureaux » d'un journal, la *Vérité!*

Il faut croire que « l'ivresse du verbe » égarait M. Naudet, quand il écrivait cet article, offensant pour le Pape, et qu'il rabrouait la *Croix* pour avoir dit que Mgr Ireland s'était « soumis pleinement (1) ».

« Cette phrase est absolument inexacte, écrivait le directeur de la *Justice sociale*, et nous supposons qu'elle a échappé à l'inadvertance de nos confrères, sans quoi *elle constituerait une grave et oblique diffamation*, laissant croire, sans oser le dire, que l'archevêque de Saint-Paul avait professé les doctrines condamnées par le document pontifical... La religion de la *Croix* a dû être surprise ; nous espérons une rectification, ou mieux, car il s'agit d'un évêque, une réparation ; question de bonne foi. »

Inutile de dire que ni « réparation », ni « rectification » n'est venue laver Mgr Ireland de cette « grave et oblique diffamation (!!) » : s'être « soumis pleinement » à Rome et au Pape.

____

(1) Dans une lettre adressée au Pape et publiée par l'*Osservatore Romano*, Mgr Ireland disait : « La lumière est faite, les malentendus cessent. Je répudie et je condamne toutes les opinions que la lettre apostolique répudie et condamne. »

C'est ce que faisait encore l'archevêque de New-York, lorsque, en son nom et au nom de tous les évêques de sa province, il écrivait au Pape, le 29 mars :

Nous ne saurions exprimer en paroles les sentiments d'admiration, de joie, de gratitude, dont notre cœur a été pénétré envers Votre Sainteté, en lisant l'admirable et magistrale lettre qu'elle a daigné nous adresser sur ce qui, depuis quelque temps, était désigné sous le nom d'américanisme.

Quant à M. l'abbé Dabry, le futur collaborateur de M. Naudet à la *Justice sociale*, il s'y préparait en écrivant, le 21 mars 1899, dans la *Vie catholique*, qui vivait alors et qui depuis... : « Dans cette lettre (la lettre du Supérieur des Paulistes) pas plus que dans celle de Mgr Ireland et de Mgr Keane, il n'est et ne pouvait être question de *soumission*, puisque dans toute cette affaire il n'y a qu'un *venimeux procès de tendance* fait par des adversaires sans scrupules aux catholiques les plus méritants... Avec des bouts de phrases, adroitement juxtaposés, les réfractaires n'ont pas même réussi, étant donné la sagesse de Léon XIII, à faire condamner leurs adversaires. Ils ont simplement fait *tomber l'anathème sur des formules sorties de leur propre cerveau et dont ils gardent la responsabilité (!!).* »

Voyez-vous ce Pape, cet homme de génie qu'était Léon XIII, écrivant au cardinal Gibbons, pour faire « un venimeux procès de tendance » et laisser diriger par des « réfractaires » ses foudres et ses « anathèmes », qui vont tomber, non pas sur des erreurs reconnues et authentiquées par lui, mais « sur des formules sorties du propre cerveau » de « réfractaires », plus ou moins ennemis du Pape ?

Jamais les Jansénistes ne poussèrent aussi loin leur irrévérence contre les Papes et les *Constitutions aposto-*

liques, qui proscrivaient leurs erreurs de *droit* et de *fait* : ils ne les disaient pas « imaginaires » en *droit*.

Mgr Turinaz condamna, le 19 avril 1899, l'article de M. Fonsegrive dans la *Quinzaine, Américanisme et Américains*, comme donnant de la lettre de Notre Saint-Père le Pape à Son Eminence le cardinal Gibbons, du 22 février 1899, « une interprétation *inexacte, erronée et très gravement injurieuse* à l'égard de l'autorité du Saint-Siège apostolique et de la personne auguste de Léon XIII » : les mêmes qualifications doivent s'appliquer aux articles de MM. Naudet et Dabry, qui, plus que M. Fonsegrive, affirmaient que la condamnation du Pape n'atteignait pas les erreurs « américaines », mais des erreurs forgées « dans les bureaux de la *Vérité* ».

D'ailleurs, ne les croyez pas revenus de « l'américanisme » et convertis aux idées saines : M. l'abbé Dabry vous donnerait un démenti formel, dans la *Justice sociale* du 9 janvier 1904, où il parle du livre *l'Américanisme* de M. l'abbé Houtin, dont la *Question biblique* venait d'être mise à *l'Index*. Au lieu de signaler ce fait, M. l'abbé Dabry fait un éloge pompeux de « M. l'abbé Houtin, un de ces prêtres que la renommée a déjà marqués de son sceau et a désignés comme ayant une personnalité très caractérisée. Esprit très hardi et un peu hanté par l'idée fixe qu'on en devrait finir avec l'éducation du moyen âge, il rêve d'une rénovation des méthodes ecclésiastiques, *d'une adaptation du catholicisme aux exigences du monde moderne*. Encore jeune, bien qu'ayant déjà fourni un labeur considérable, il avait cru toucher du doigt la réalisation de son rêve. *Une aube s'était levée dans les environs de l'année 1898* ; une série de manifestations avait laissé entrevoir que l'ère du rapprochement, empêchée jusqu'ici par tant de préventions et de malentendus enfin dissipés, était commencée. Ce ne fut, paraît-il, qu'une illusion, l'ombre d'un songe. M Houtin, poursuivant le récit de ces belles années, note un à un les évènements qui marquèrent les étapes du désenchantement, de la désagrégation des espérances, et termine par un chapitre qui est une sorte d'oraison funèbre et souligne comme d'un trait découragé l'effondrement final. »

M. Dabry proteste contre cette manière de voir. Si l'américanisme « a échoué », c'est que « nous avons moins agi que parlé... Nous n'étions pas une force ; quand nous serons cela, il faudra bien compter avec nous.

« Il est incontestable que Rome, *quelque sympathique qu'elle soit à nos idées*, est obligée de compter avec ceux qui nous ont combattus. Ils représentent un système où s'appuie de toutes parts encore le catholicisme. »

Voilà donc Rome présentée comme « sympathique aux idées » qu'elle a solennellement condamnées ! Il est impossible de travestir plus audacieusement la vérité, en faisant de l'autorité doctrinale du Pape un jouet, qui se tournera vers « l'américanisme » et les américanisants, quand ils seront « une force ».

Enfin, *l'Américanisme* de l'abbé Houtin a été prohibé par la Sacrée Congrégation de *l'Index*, décret du 3 juin 1904. Or, ni la *Justice sociale* ni M. l'abbé Dabry n'ont rien rétracté de leurs éloges accordés aux livres et à la personne de M. l'abbé Houtin, privé de *celebret* par Mgr Rumeau, évêque d'Angers.

Tel est, hélas ! le danger de la *Justice sociale* qu'un de ses lecteurs et amis, M. l'abbé Lissorgues, directeur de la *Croix du Cantal*, dont M. l'abbé Dabry avait brossé un portrait complaisant, au mois d'août 1905, vient de publier, dans la *Semaine catholique* de Saint-Flour du courant de novembre 1905, un article très élogieux (1), sans presque aucune restriction, sur *l'Américanisme* et la *Question biblique* de M. l'abbé Houtin ! Il est vrai que M. le Directeur de cette *Semaine* réclamait, dans la *Vérité Française* du 10 octobre, la paternité de cette phrase sur la *Justice sociale :* « Un journal que beaucoup de catholiques aiment pour l'avoir pratiqué et que quelques-uns combattent pour ne pas le connaître. » M. Lissorgues et ce Directeur ne le connaissent, ne le suivent que trop !

*
* *

La condamnation de *l'américanisme*, qui, malgré tout, troublait fort « les novateurs », fut suivie à un mois d'intervalle, le 29 mars 1899, de celle de Madame Marie du Sacré-Cœur.

Madame Marie du Sacré-Cœur, d'abord religieuse à Issoire, dans le diocèse de Clermont, passée ensuite dans le diocèse d'Avignon, avait publié un livre, *les Religieuses enseignantes*, où elle critiquait amèrement (2) l'instruction étroite, insuffisante, donnée dans les communautés de femmes et préconisait l'idée d'une grande Ecole normale, l'Institut Notre-Dame, pour les Religieuses de tout ordre se destinant à l'enseignement des jeunes filles.

C'est M. l'abbé Naudet, directeur de la *Justice sociale*, qui avait écrit l'*Avant-propos* du livre de Madame Marie du Sacré-Cœur et s'était fait adresser un bon nombre de lettres d'approbation et d'encouragement, qu'on

(1) On nous communique de loin cet article regrettable, que nous ne citerons point par respect pour un organe diocésain, dont l'orthodoxie a été surprise par un rédacteur aussi étourdi que démocrate.

(2) Voir le chapitre IVᵉ : *Examen de la situation des maisons enseignantes de France ;* — le cri de triomphe de nos rivaux : « Nous ne redoutons pas les Religieuses ; elles sont trop arriérées ». — Pourquoi, dès lors, les proscrire et les chasser ?

pouvait lire avant la *Préface* de M. le chanoine Frémont :
M. Lamy, M. Fonsegrive et M. l'abbé Lemire faisaient
partie du Comité de patronage.

Inutile de remarquer ici que les réformes préco-
nisées par ces Messieurs étaient le fruit de « l'américanisme », d'après lequel « les vœux de religion ne sont
pas du tout favorables à la perfection chrétienne et au
bien de la société humaine, mais sont plutôt un obstacle
et une entrave à l'une et à l'autre. La vie religieuse
n'est que peu ou point utile à l'Eglise. »

Voici, d'ailleurs, ce que pense de l'œuvre de Madame
Marie du Sacré-Cœur, M. l'abbé Naudet lui-même :
« On pourra discuter certaines idées, ne pas accepter
toutes les théories (1) ; nul ne pourra nier le caractère
de « bonne foi » qui donne à l'œuvre tout entière un
si particulier et si remarquable cachet. Et si, çà et là,
l'auteur a été obligée (qui donc l'y obligeait ?) de dire des
vérités un peu rudes (ne serait-ce pas des calomnies sur
« l'infériorité » prétendue des couvents ?), *les âmes
droites comprendront qu'au risque de faire crier les malades, il est parfois urgent de poser le doigt sur leurs plaies.*
(Il y avait donc des « plaies » chez ces « malades »,
les Religieuses enseignantes ?)

Là-dessus, M. l'abbé Naudet cite le « beau livre » de
Madame d'Adhémar : *Nouvelle éducation de la femme dans
les classes cultivées.* Or, dans ce livre, cher aussi à
Madame Marie du Sacré-Cœur, il est dit qu'il faut
apprendre aux jeunes filles de quatorze ans la *dogmatique* de l'amour et tout ce qu'une femme peut savoir
plus tard (??).

« Il ne s'agit pas, conclut M. Naudet, d'être téméraire,

_____

(1) Il faut faire à M. l'abbé Naudet l'honneur de croire qu'il est
loin de souscrire à toutes.

Les Erreurs.   2

mais d'être hardi avec sagesse, de se dégager de *l'étroit*, du *mesquin*, du *convenu* (Voilà pour nos Congrégations enseignantes, dont l'Etat a tellement redouté la concurrence qu'il n'a trouvé rien de mieux que de la supprimer). Il ne s'agit pas de faire de la *réaction* (qui donc y songeait dans les Couvents ?), mais de l'action. Il ne s'agit pas... de s'attarder en des regrets stériles (1) ; il s'agit de constater que hier est mort (2), que demain commence à vivre et que, si nous sommes des soldats dont le Christ est le capitaine, ce n'est pas pour rester immobiles et jouer le rôle de saules pleureurs inclinés sur des tombeaux (3). »

Inutile, après cela, de citer la série des articles dithyrambiques de la *Justice sociale* sur cette nouvelle méthode, destinée à « moderniser » les couvents, si en retard, et à réformer la société par l'influence souveraine de la femme, élevée d'après des principes aussi nouveaux qu'efficaces.

Mais voilà que la Sacrée Congrégation des évêques et réguliers rend une décision sur ces deux questions :

1º Convient-il d'approuver le projet de créer une grande Ecole normale pour les Religieuses enseignantes, tel qu'il a été proposé dans le livre de sœur Marie du Sacré-Cœur ? Et en cas de réponse négative :

2º Convient-il d'adopter quelque mesure pour amé-

---

(1) Ce ne sont pas des « regrets stériles » que ceux qui ont pour objet une législation chrétienne, supprimée par les lois scolaires, les lois « scélérates » de 1882 et 1886, et qu'il s'agit de faire abroger, comme les Belges ont fait abroger les lois semblables de Frère-Orban.

(2) Hélas ! oui. « hier est mort », c'est-à-dire la France chrétienne avec son gouvernement et ses lois chrétiennes. Constater sa mort ne suffit pas ; il faut ressusciter cette France chrétienne ; sans quoi, que peut être « demain ? » Or, les couvents travaillaient à cette résurrection avec le zèle le plus ardent.

(3) En quoi les Religieuses enseignantes qui, depuis 1882, étaient toutes obligées d'avoir leurs brevets et leurs diplômes pour être institutrices, faisaient-elles figure de « saules pleureurs inclinés sur des tombeaux ? » Phraséologie sonore et creuse.

liorer l'enseignement des femmes dans les Instituts religieux ?

« Tous les éléments de la cause ayant été mûrement examinés, les Eminentissimes Pères ont décidé de répondre :

« Au premier doute : *Négativement et le livre est digne de reproches.*

« Au second doute : *Il n'y a pas lieu de prendre une mesure générale.* Il sera pourvu autant qu'il sera utile aux cas particuliers. Qu'il soit cependant notifié par les évêques de France aux Congrégations religieuses de femmes, auxquelles a été confiée par approbation apostolique la charge d'instruire les jeunes filles dans la piété et dans la science, *qu'elles ont excellemment mérité de l'instruction et éducation chrétienne et civile des jeunes filles.*

« C'est pour cela que cette Sacrée Congrégation leur adresse des louanges qu'elles méritent justement...

« Le 24 mars, Sa Sainteté a daigné ratifier et confirmer en tous les points la décision des Eminentissimes cardinaux... »

Cette décision solennelle vengeait les Congrégations enseignantes de la campagne de diffamation menée contre elles par des catholiques et frappait en pleine poitrine M. le Directeur de la *Justice sociale.* Mais, dans son livre *Pour la Femme,* ch. VIII, il n'en défend pas moins ce nouveau mode d'éducation, tout à fait *modern-style.*

Du reste, au lieu de publier la décision de la Sacrée Congrégation des évêques et des réguliers, en 1899, M. l'abbé Naudet et M. l'abbé Dabry ne songaient qu'à calmer les alarmes de leurs disciples et de leurs lecteurs.

« Que nos amis se rassurent (à propos de quoi ? on ne leur a rien dit) et gardent toutes leurs espérances, » écrit M. l'abbé Naudet dans la *Justice sociale.*

La *Vie catholique* de M. l'abbé Dabry réconforte « ses
amis timides ou faibles, qui, dépourvus de sens critique
et d'esprit politique, se jettent dans le pessimisme avec
des mouvements d'autruche... Soyons donc des hommes:
un nuage qui passe au ciel trouble-t-il l'harmonie des
mondes ? » L'article est de Richeville, *alias* Bœglin.
M. l'abbé Dabry écrira lui-même : « Voyez donc quel
désarroi vous jetez dans les consciences : on se demande
si c'est Rome qui a changé, si c'est nous, ou si ce sont
nos adversaires. »

Non, ni Rome ni MM. les abbés Dabry et Naudet
n'ont changé : ils continuent à enseigner les « nouveautés » condamnées.

Dans la *Justice sociale* du 21 avril 1905, M. Noël
Dossemond, article *Accidents graves*, se défend contre
les lettres qu'il a pu recevoir sur ses articles intitulés
Mauvaises preuves, où il avait saccagé, au nom de la critique (?), saint Antoine de Padoue, la prise de Jéricho,
le soleil de Josué, le poisson de Jonas, la conversation
de Balaam. Il ne craint pas d'écrire, à propos de nos
couvents :

Ce serait le départ, si, au cours d'instruction religieuse,
un aumônier laissait entendre que le déluge n'a pas anéanti
tous les hommes, que sainte Véronique du Chemin de la
Croix n'a probablement jamais existé, que l'Eglise vous
laisse libres de croire aux miracles de Lourdes et aux révélations de Marguerite-Marie.

On préfère attendre que ces ingénues, élevées dans nos
couvents d'enseignement (tous heureusement n'en sont pas
là) sans préparation, apprennent, pendant les vacances, de
leur cousin le collégien, ou plus tard de leur mari irréligieux
ou indifférent, (Dieu sait en quel style !) que des papes ont
été scandaleux, que des vies de saints, parmi les plus propagées, sont incontestablement des contes de fées, que les
démons de Sara n'étaient peut-être pas de la catégorie des
esprits et enfin que la nature a des réveils faciles à satisfaire (?).

On commence à comprendre qu'en éducation *l'heureuse ignorance* des difficultés dogmatiques et morales, prouvée par les livres de piété alambiqués, n'est pas la perfection et je sais des maîtresses congréganistes qui, *à la suite de Madame Marie du Sacré-Cœur*, ont remonté le fâcheux courant. Mais c'est la grande exception.

Oui, très heureusement.

*
* *

S. S. Léon XIII publiait, le 8 septembre 1899, une *Lettre au clergé de France* sur les études ecclésiastiques où, à propos du kantisme, des « tendances inquiétantes qui cherchent à s'introduire dans l'interprétation de la Bible », il demande que « les jeunes prêtres soient instruits et élevés dans les *méthodes traditionnelles* des siècles passés », qui ont formé ces hommes éminents, les Pétau, les Thomassin, les Mabillon, les Bossuet : « Gardez avec soin le dépôt qui vous a été confié.. Fuyez les profanes nouveautés de paroles et les objections qui se couvrent du faux nom de science. » « Certains prêtres, ajoute Léon XIII, traitent de surannés, d'incompatibles avec le ministère dans le temps où nous vivons les principes de discipline et de conduite qu'ils ont reçus de leurs maîtres du Grand Séminaire. On les voit aller, comme d'instinct, au-devant des innovations les plus périlleuses de langage, d'allures, de relations. »

Aussitôt, la *Vie catholique* (1), la *Justice sociale* de triompher et de trouver dans cette *Lettre* « des éloges et des encouragements (à propos de l'action sociale), pour lesquels *on* ne saurait exprimer trop filialement,

____

(1) Elle écrit « qu'il faudrait se prosterner devant la dernière Encyclique, en *adorer* l'opportune grandeur, la lumière et la beauté ».

sa reconnaissance au Père commun des fidèles ». (*Justice sociale* du 30 septembre 1899.) — Oui, mais les conseils si graves à propos « des méthodes traditionnelles » à garder et des « innovations » à fuir, qu'en faites-vous ?

Il ne faut donc pas s'étonner que, dans la controverse engagée à propos de la valeur doctrinale du *Syllabus*, la *Justice sociale* ait pris parti pour M. Paul Viollet, qui la nie, et n'ait pas même signalé les contradictions aussi autorisées que péremptoires qu'il a rencontrées dans les *Etudes* et les PP. Jésuites :

Nous ne saurions, dit la *Justice Sociale* du 7 janvier 1905, recommander avec trop d'insistance la lecture des cent et quelques pages que M. Paul Viollet vient de publier sous ce titre : *L'infaillibilité du Pape et le Syllabus, étude historique et théologique.* L'auteur est membre de l'Académie des inscriptions et belles-lettres, professeur d'histoire du droit civil et du droit canonique à l'Ecole des Chartes, et cela nous est une garantie suffisante de sa compétence historique ; tous ceux qui le connaissent savent sa foi profonde.

Sans doute, mais ils regrettent ses hardiesses.

***

Tout récemment, dans la *Quinzaine* du 16 avril 1905, M. Ed. Le Roy, agrégé et docteur ès sciences, publiait un article, *Qu'est-ce qu'un dogme ?* où l'on trouvait des erreurs étranges comme celles-ci :

Les dogmes sont indémontrables soit *directement*, soit *indirectement.* « La prétendue démonstration indirecte a pour base inévitable un appel à la transcendance de l'autorité pure... Un dogme quelconque apparaît ainsi comme un asservissement, comme une limite aux droits de la pensée, comme une menace de tyrannie intellectuelle, comme une entrave et une restriction imposée du dehors à la liberté de la recherche. »

Les dogmes sont, de plus, inintelligibles et impensables : « La prétention de concevoir les dogmes comme des énoncés... de connaissances théoriques se heurte partout, semble-t-il, à des impossibilités. Elle paraît aboutir fatalement à faire des dogmes de *purs non sens.* »

Enfin, les dogmes sont incompatibles avec l'unité de l'esprit humain. « Ni par leur contenu, ni par leur nature logique, ils n'appartiennent au même plan de connaissance que les autres propositions. » Dans la lutte séculaire entre les dogmes et la philosophie, « on ne lui a jamais répondu autrement que par des subtilités sans valeur ou par des artifices de rhétorique... Nulle autorité, en fait, ne peut faire ou empêcher que je trouve un raisonnement solide ou fragile, ni surtout que telle ou telle notion ait ou n'ait pas de sens pour moi... C'est chose radicalement impossible. »

Les dogmes n'ont qu'un « sens négatif » et un « sens pratique. Ils énoncent avant tout une prescription d'ordre pratique. Ils *sont* plus que tout la formule d'une règle de conduite pratique. Là est *leur* principale valeur, là *leur* signification positive. » ... « Dieu est personnel veut dire : comportez-vous dans vos relations avec Dieu comme dans vos relations avec une personne humaine (?). »

Cet article, suivi d'une *Enquête* dans la *Quinzaine*, mai, juin, juillet et août, où les adhésions formelles à la thèse de M. Le Roy ne sont contredites que par une seule opposition claire et précise, devait provoquer et a provoqué des réfutations autorisées et péremptoires : celle du P. Portalié, dans les *Études* du 20 juillet et du 5 août ; celle de M. l'abbé Wehrlé dans la *Revue biblique* de juillet 1905 ; celle de M. l'abbé Franon et du P. Léonce de Grandmaison, dans le *Bulletin de littérature ecclésiastique de l'Institut catholique de Tou-*

louse; celle de la *Revue thomiste*; celle du P. Fontaine, dans la *Science catholique*; celle de M. Elie Blanc, dans la *Pensée contemporaine* et de M. Delmont, dans la *Vérité*; celle enfin de Mgr Turinaz dans sa brochure, *Une très grave question doctrinale: Qu'est-ce qu'un dogme?* Le vaillant prélat établit que les « conséquences inévitables et désastreuses » de la thèse de M. Le Roy, c'est d'abord « la destruction des dogmes » ; c'est ensuite « la destruction de la foi » ; c'est enfin « la destruction de l'Eglise catholique elle-même ».

La note suivante de Mgr Turinaz montre bien la profondeur du mal qu'il combat dans l'écrit de M. Le Roy :

On trouvera peut-être que ma réponse est un peu tardive; mais il était prudent d'attendre les résultats de l'enquête ouverte par *la Quinzaine* sur l'article de M. Le Roy, et le temps des vacances est peu favorable aux publications sérieuses. Il faut reconnaître cependant que l'enquête n'a pas produit de remarquables résultats. Quelques lettres ont formulé contre le système de M. Le Roy des observations sérieuses. Le très grand nombre approuvent ce système et, parmi celles-ci, *deux lettres de prêtres, j'ai le regret de le dire, ont même dépassé M. Le Roy sur certains points.*

Trente-six évêques ou archevêques, entre autres les cardinaux Coullié et Perraud (1), ont adhéré à la brochure de Mgr Turinaz et l'en ont remercié.

Eh bien, plus de quinze jours après cet acte épiscopal, honoré d'adhésions si flatteuses et si expressives, et longtemps après les protestations des *Revues*

(1) Voici les lettres de S. Em. le cardinal archevêque de Lyon et de S. Em. le cardinal évêque d'Autun :

« Lyon, le 27 octobre 1905.

« Cher et vénéré Seigneur,

« J'achève la lecture de votre réponse à M. Le Roy. Au nom de la sainte Eglise, merci ! Merci de m'avoir envoyé ce travail.

« Quel étrange bouleversement produit dans les esprits par cette philosophie de l'immanence ! Un de nos bons chrétiens des montagnes réfuterait avec son bon sens tout cet incroyable système. M. l'abbé Elie Blanc, notre professeur de philosophie, a donné une

et des théologiens qui ont eu « le devoir amer et douloureux » de réfuter des pages dont « la publication dans des revues destinées au public est en réalité un manifeste contre tout dogme et toute foi », dit le P. Portalié, admirez l'attitude cavalière et fringante que prend M. l'abbé Naudet dans la *Justice sociale* du 19 novembre 1905 (1) :

bonne réponse à M. Le Roy dans sa revue *la Pensée contemporaine*. Oh ! qu'il est important d'ouvrir les yeux aux esprits séduits par des illusions si dangereuses pour la foi !

« Encore une fois merci, cher et vénéré Seigneur, avec l'expression de mon respectueux et fraternel dévouement.

« † Pierre, cardinal Coullié,
« *Archevêque de Lyon.* »

—

« Autun, le 27 octobre 1905.

« Monseigneur,

« Vous venez de rendre un nouveau et très grand service à la cause de la foi, et j'ajoute à celle du bon sens, en réfutant comme vous venez de le faire les thèses insoutenables de M. Ed. Le Roy. Elles conduisent, en effet, directement et logiquement, « à la néga-« tion des dogmes, et par conséquent, à la négation de la divinité « de Jésus-Christ et du christianisme tout entier ».

« On se demande avec stupéfaction comment *la Quinzaine*, qui a la prétention d'être « une Revue catholique », peut endosser la responsabilité d'une explication prétendue philosophique et scientifique de la religion, qui équivaut à sa destruction totale.

« Vous avez très nettement démontré comment cette soi-disant apologétique nouvelle n'est qu'une application de la philosophie de l'immanence. Et vous avez fait justice, et très bonne justice, de l'assurance superbe avec laquelle ces Messieurs mettent hors la loi les défenseurs de la théologie et de la dogmatique, maintes fois consacrées par l'autorité de l'Eglise.

« A vrai dire, ces doctrines empoisonnées portent avec elles leur contre-poison dans l'obscurité presque impénétrable de leur jargon soi-disant scientifique ; à cet égard, les fragments que vous avez cités, pages 10 et 11 de l'article de M. Le Roy, sont un spécimen très curieux et très instructif de cette langue qui demanderait, pour être comprise (et encore !) l'emploi constant d'un lexique spécial.

« Je vous prie, Monseigneur, de vouloir bien agréer l'expression de mon respectueux dévouement en Notre Seigneur.

« † Adolphe-Louis-Albert, cardinal Perraud,
« *Evêque d'Autun.* »

(1) Cela n'étonne en rien les auditeurs de M. l'abbé Naudet au Collège libre des sciences sociales, où ils l'ont entendu dire naguère : « Il y a des dogmes qui disparaissent. Toute la première génération chrétienne a cru à la Parousie. Aujourd'hui, cette croyance a dis-

Savez-vous ce que c'est qu'un dogme ?

Oui ?

Vous êtes bien heureux.

Pour ma part, je vous avoue candidement que je croyais le savoir, il y a quelques mois.

Et maintenant ?

Eh ! bien, maintenant, je vous avoue, avec la même candeur, que... je ne le sais plus.

Et alors, M. l'abbé P. Naudet parle de l'article de M. Le Roy dans la *Quinzaine*, « article extrêmement intéressant et qui a immédiatement attiré l'attention »... et surtout la réfutation, dont la *Justice sociale* ne souffle pas un mot.

D'ailleurs, l'article est de la *Quinzaine*, « une revue dont on ne dira jamais assez de bien », sans doute parce que Mgr Turinaz l'a condamnée, et que le P. Portalié, dans les *Etudes*, 20 juillet 1905, a vivement critiqué « la publication de ces pages (l'article Le Roy) dans des *revues* destinées au grand public » et qui « jettent dans nombre d'âmes un trouble profond et parfois irrémédiable ; car ces âmes, malheureusement, ne liront point les réfutations mêmes publiées dans la *Quinzaine* ».

Qu'importe à M. Naudet ? Il « dégage l'idée » de M. Le Roy, c'est-à-dire qu'il supprime de parti pris toutes les erreurs que l'on a lues plus haut contre les dogmes et fait de M. Le Roy le catholique le plus éclairé :

Le jour n'est pas plus pur que le fond de *son* cœur.

paru. Il n'en reste qu'un écho dans ces paroles du Symbole : « D'où il viendra juger les vivants et les morts... » Le dogme est immuable sous sa formule inadéquate ; mais cette formule varie. Si les apôtres avaient assisté au Concile de Nicée, ils n'y auraient rien compris. La formule avait changé. Les anciens expliquaient l'éclipse en disant qu'un dragon avait emporté le soleil. Nous, nous l'expliquons autrement ; mais c'est la même éclipse. »

Et maintenant, c'est aux théologiens de se voir exécutés. Déjà, le 11 mars 1905, *A propos de la Séparation*, M. l'abbé Naudet leur avait dit cavalièrement leur fait :

J'avais jadis, — je ne vous le cache pas, — un respect profond pour les théologiens et leurs « principes ». Mais depuis qu'il m'est arrivé d'étudier d'un peu plus près l'histoire de la théologie, ma candeur a subi quelque changement. On voit, au cours des siècles, disparaître tant de « principes » réputés intangibles, que les clameurs me laissent froid.

Mais voici qui est mieux, beaucoup mieux :

Ainsi parlait M. Le Roy, dit la *Justice sociale* du 18 novembre. Il s'adressait aux théologiens, aux maîtres, et il attendait la réponse anxieusement.

O mes amis ! elle fut jolie, la réponse !

Comment, clamèrent les théologiens, ce monsieur ne pense pas comme nous ! D'abord il n'a pas le droit de ne pas penser comme nous : il n'est pas théologien. Comprenez-vous cela ! un professeur de mathématiques ! Or, il en dit de belles ! Cela lui apprendra à rester sur son terrain, à ne pas incursionner sur le nôtre...

Cependant, après avoir clamé, les théologiens furent condescendants.

« Enfin, soit, dirent-ils ; il veut qu'on lui dise ce que c'est qu'un dogme, nous allons le satisfaire. »

Et alors les braves gens se sont mis à l'œuvre, et chacun a donné ses petites explications.

Vous ne les avez pas lues, sans doute ? Oh ! ne le regrettez pas. Moi je les ai lues ; et, comme j'avais l'honneur de le dire plus haut, le résultat le plus clair a été que, *comprenant quelque chose avant la lecture, après avoir lu je n'y comprenais guère plus rien* ; et maints autres ont été comme moi. D'autant que la plupart des théologiens ont une manière à eux de présenter les choses. *Leur théologie ressemble un peu à certaine musique moderne*, que l'on ne peut goûter à moins d'avoir fait huit ans de conservatoire.

Je n'ai pas besoin de vous dire que l'immense majorité de nos contemporains se prive d'un plaisir aussi laborieux.

Ainsi en fut-il des explications de la plupart de ces messieurs.

— Vous voulez poser des questions ? vous voulez savoir, vous, catholique intelligent, à quoi vous engage votre foi ? Nous voulons bien avoir la bonté de vous répondre ; seulement, nous vous engageons à faire, au préalable, quelques années de philosophie.

— Pardon, très révérend ; mais j'en ai fait de la philosophie, j'en fais encore, j'ai même publié des travaux sur la matière.

— De la philosophie, vous ! Peuh ! Sachez que votre philosophie, n'étant pas la nôtre, n'a aucune valeur.

— Alors pour comprendre *notre* théologie, il faut commencer par étudier *votre* philosophie ?

— Parfaitement.

— Est-ce que votre philosophie est révélée ?

— Non, sans doute.

— Alors, si votre philosophie est chose humaine, comment se fait-il qu'elle soit si intimement liée au dogme que le dogme ne puisse s'en passer ? J'ai même quelques inquiétudes à cet égard, et je me demande comment on pouvait se tirer d'affaire, avant que votre philosophie ne fût inventée ?

Vrai, nous pataugeons, nous nous enlisons. Et la meilleure preuve, c'est que certains de ces théologiens ont failli se donner le ridicule de demander publiquement la solennelle condamnation de l'article de M. Le Roy. Ils se *sont contentés de dénoncer tout bas, derrière la porte*, et il ne paraît pas que l'autorité religieuse ait entendu. L'autorité religieuse sait qu'on n'étouffe pas les idées avec des anathèmes et qu'on ne mène pas les consciences comme on mène un régiment.

Les théologiens, et quels théologiens ! les PP. Portalié, de Grandmaison, Fontaine, M. l'abbé Franon, M. le chanoine Elie Blanc, professeurs éminents à l'Institut catholique de Toulouse et à l'Université catholique de Lyon, sont ici indignement caricaturés et calomniés : ils n'ont point « dénoncé tout bas, derrière les portes »; une doctrine religieuse, qu'ils ont combattue tout haut, au grand jour de Revues comme les *Etudes*, la *Revue biblique*, la *Revue thomiste*, la *Pensée contemporaine*, la

Science catholique, et de journaux comme la *Croix*, la *Vérité*, la *Semaine religieuse de Nancy*, etc.

« L'autorité religieuse » a si bien « entendu » qu'outre l'adhésion de *trente-six* cardinaux, archevêques et évêques à la brochure de Mgr Turinaz, *dix-sept* des évêques protecteurs de l'Institut catholique de Paris, réunis le 20 novembre pour la rentrée solennelle de cet Institut, « ont désapprouvé » l'attitude prise par M. l'abbé Sertillanges, « à propos de la question posée par M. Le Roy : Qu'est-ce qu'un dogme ? » (1)

Que l'on compare, à ce propos, l'attitude de la *Justice sociale* après la condamnation de l'*américanisme*, après celle des *Religieuses enseignantes* de Madame Marie du Sacré-Cœur et celle des livres de MM. Loisy et Houtin, dont il va être question, avec l'attitude aussi honorable qu'édifiante de M. l'abbé Sertillanges, qui, après avoir donné dans les erreurs de M. Le Roy, écrivait à Son Eminence le cardinal archevêque de Paris la lettre suivante, parue dans la *Croix*, l'*Univers* et la *Vérite française* du 26 novembre 1905 :

EMINENCE,

J'apprends à l'instant que Nos Seigneurs les évêques, protecteurs de l'Institut catholique, ont désapprouvé l'attitude que j'ai prise à propos de la question posée par M. Le Roy : Qu'est-ce qu'un dogme ?

En parlant comme je l'ai fait, je croyais sincèrement faire œuvre utile, et exercer dans l'esprit de la sainte Eglise mon rôle d'apologiste de la religion.

(1) La *Semaine religieuse* de Bourges, du 1er décembre 1905, disait à ce propos :

« Sur ces entrefaites, eut lieu à Paris, le 23 novembre dernier, l'assemblée annuelle des évêques fondateurs et protecteurs de l'Institut catholique. Elle dut examiner cette attitude de l'un des professeurs de l'Institut, dans une question doctrinale de si grande importance. A la suite de cet examen, *Nos Seigneurs les évêques, au nombre de dix-sept, émirent à l'unanimité* « un vote de blâme sur l'attitude de M. Sertillanges au sujet de la question : *Qu'est-ce qu'un dogme ?* »

Mais, puisque mes chefs naturels en ont jugé autrement, je m'en remets de tout cœur à leur haute sagesse et désavoue sans restriction aucune ce qui, dans les écrits en cause, a pu leur paraître inexact ou imprudent.

Daignez agréer, Monseigneur, l'hommage des respectueux sentiments avec lesquels j'ai l'honneur d'être,

De Votre Eminence, le fils très obéissant,

A. D. Sertillanges,
Professeur à l'Institut catholique de Paris.

Au lieu de signaler des faits dogmatiques si importants, la *Justice sociale* du 2 décembre 1905 se contente de publier une *Lettre* de M. l'abbé Quiévreux, qui loue bien M. Naudet de son article : *Qu'est-ce qu'un dogme?* mais conclut contre M. Le Roy « qu'il est possible de définir qu'est-ce qu'un dogme ? »

Le moins qu'on puisse faire devant l'étrange désinvolture, qui regarde comme non avenues les condamnations des théologiens et d'un évêque, c'est d'appliquer à M. l'abbé Naudet ce que Mgr Turinaz dit de M. l'abbé Sertillanges, dans une seconde brochure sur la question : *Qu'est-ce qu'un dogme ?* Après avoir pris acte des déclarations « catholiques » du professeur de philosophie morale à l'Institut catholique de Paris, le vaillant prélat démontre, dans le § 1er, que, d'une part, en ne formulant sur l'article et le système de M. Le Roy que des réserves sans valeur, et, d'autre part, en déclarant qu'il est « en union de pensée avec M. Le Roy », que « l'idée de M. Le Roy est la sienne », que celui-ci n'a fait « qu'exprimer des idées connues, communes », des « vérités de M. de La Palisse », M. Sertillanges a pris aux yeux de tous ses lecteurs la responsabilité au moins de toutes les doctrines importantes de l'article de M. Le Roy. Or, en dehors de l'ensemble du système, l'évêque de Nancy signale trois graves erreurs : — La foi « ne reposant pas sur le témoignage de l'autorité », *hérésie* fondamentale, hérésie condamnée expressément par le concile du Vatican. — La philosophie de l'immanence, base première du système de M. Le Roy, philosophie de ténèbres, de contradictions, exprimée dans « un jargon inintelligible ». — Enfin, les affirmations de M. Le Roy sur les dogmes, en particulier sur la résurrection de Notre-Seigneur Jésus-Christ et sa présence dans l'Eucharistie, affirmations qui ne sont pas seulement *de déplorables erreurs, mais des blasphèmes.*

Dans le § II, Monseigneur, après avoir résumé sa réfutation de la doctrine de M. Le Roy et de M. Sertillanges sur les dogmes *avant tout négatifs et avant tout essentiellement pratiques*, expose leur doctrine sur les relations de la philosophie et de la science avec les dogmes et l'autorité de l'Eglise, et il met en face de cette doctrine les textes du Concile du Vatican (*Const. de Fide.* Cap. IV et canon III). Il fait remarquer que la doctrine opposée à ce canon *est une hérésie.*

Enfin, dans le § III, Monseigneur examine plusieurs propositions de M. Sertillanges, en fait ressortir les erreurs, les contradictions, et, selon son expression, les non sens. Il attire l'attention sur les conclusions que M. Sertillanges déduit lui-même plusieurs fois de ces propositions, à savoir : l'égalité de toutes les formes religieuses, parce que toutes sont fautives et imparfaites.

La brochure se termine par deux observations que Sa Grandeur déclare soumettre aux catholiques, au clergé, et avant tout et surtout à ses vénérables collègues de l'épiscopat : la première *sur le courant de plus en plus puissant qui entraîne une partie du clergé vers les innovations qu'il combat et vers d'autres encore;* la seconde sur la nécessité plus évidente que jamais de la foi en présence de la persécution implacable qui nous est réservée. Si la foi, en effet, diminue ou s'éteint dans des âmes de prêtres, nous allons à de nombreuses, lamentables et sacrilèges défections.

*
* *

Dans le même ordre d'idées, la *Justice sociale* avait été « heureuse » d'annoncer à plusieurs reprises l'apparition de la Revue *Demain*, qui se publie à Lyon avec M. Pierre Jay pour directeur ; le 18 novembre 1905, elle donnait sur cette Revue un extrait du *Journal des Débats*, qui la déclare « non confessionnelle », et ajoutait :

Quelques craintes avaient été manifestées dans les milieux ultra-orthodoxes, sur certaines tendances de la revue. C'est à l'œuvre qu'on connaît l'artisan. Tout ce que nous savons, c'est que ceux qui dirigent le nouveau périodique ont les intentions les plus pures et une valeur intellectuelle qui n'est pas commune. Nous verrons quelle sera leur œuvre. En tout cas, ce n'est pas à la *Justice sociale* qu'on leur tiendra rigueur, si leur hardiesse consiste simplement à n'être pas *esclaves de la routine* (??).

Or, le même jour, 18 novembre 1905, la *Civilta cattolica*, dont on connaît la haute autorité, publiait l'article suivant : *Demain, nouvelle revue lyonnaise* (1) :

L'Eglise de France se trouve, en ce moment, aux prises avec les conséquences dernières de la révolution religieuse, avec l'apostasie formelle de la société, avec une guerre universelle déclarée à toutes les croyances chrétiennes et conduite au nom de la nation par sa représentation constitutionnelle.

(1) *Demain politique, social, religieux*, organe hebdomadaire de critique et d'action, paraissant le vendredi. — Rédaction et administration : rue Simon-Maupin, 2, Lyon. Sur la liste, qui a pour titre : *Patronages et collaborations*, brille la fleur du libéralisme catholique italien : les Fogazzaro, les Minocchi, les Murri, les Semeria, les Vitalli.

Tandis que les autres puissances de l'Europe suivent attentivement le progrès de cette guerre intestine et se disposent à en profiter pour l'avancement de leurs propres desseins ; tandis que l'opinion du monde observe, sans la comprendre, l'obsession anti-cléricale qui pousse le Gouvernement et le Parlement français à ébranler les fondements de l'unité et de la vitalité nationales ; dans la France elle-même, la partie la plus saine, la plus raisonnable, la plus honnête et la plus désintéressée du pays, loin de mettre bas les armes et de s'avouer vaincue, s'étudie à forger sans cesse de nouveaux moyens de résistance qui prépareront la victoire finale.

Le malheur est qu'avec cette variété de ressources, l'unité et la concorde font défaut, et que l'on n'a ni maximes ni méthode communes, ce qui prive la résistance de son efficacité.

Tels étaient les sentiments, à la fois joyeux et tristes, qui remplissaient notre esprit, pendant que nous parcourions le premier numéro de la Revue hebdomadaire de critique et d'action qui, sous le titre de *Demain*, a vu le jour à Lyon le 27 octobre. Joie de voir un nouveau combattant entrer dans les rangs de la presse catholique, pour y employer contre la démagogie antireligieuse la perfection des armes modernes ; tristesse d'avoir à reconnaître que, si la nouvelle Revue persiste dans la voie où elle s'est engagée, *elle ne fera qu'aggraver la discorde et augmenter la confusion.*

Le lecteur en jugera d'après les observations que nous a suggérées le simple examen de ces quatorze premières pages.

Le programme annonce une véritable croisade. Mais contre qui ? Vous croyez peut-être que c'est contre les ennemis de l'Eglise ? Hélas ! aux ennemis, la promesse de « s'abstenir « des polémiques irritantes, de ne rien soutenir avec cette « logique amère et brutale qui a perdu tant de causes » ; pour eux, « l'éloge de la conscience moderne, guidée par le « véritable esprit du christianisme » ; pour eux, « le droit « inaliénable de révolte ». Pour les catholiques, au contraire, non seulement une provision de polémiques et de critiques, mais l'accusation de « faire mourir la France chrétienne », les épithètes de *pharisiens*, de *frappeurs de la poitrine d'autrui*, d'*ennemis intérieurs*, d'*égoïstes*, de *sophistes*, de *destructeurs de l'idéal évangélique* ; à leur charge, l'inertie du sacerdoce, la *superstition*, le *mercantilisme* ; à eux le reproche d'avoir assuré le triomphe du mal par *leur passivité*, leur *égoïsme* et leur *ignorance* (1). Tout cela est avancé en thèse générale, sans réserves, sans restrictions, sans distinctions.

De notre côté, il y a pourtant le Pape, il y a les évêques ; il y a les prêtres et les laïques militants ; il y a la vertu ; il y a le sacrifice ; il y a le génie ; il y a l'héroïsme. Les défauts sans doute n'y manqueront pas, comme il est naturel à tout assemblage d'hommes non confirmés en grâce ; mais ces ces défauts ne seront pas approuvés et ils ne proviendront pas du christianisme. Chez nos ennemis, au contraire, il y a l'*apostasie*, commencée par l'humanisme, continuée par le protestantisme, introduite dans la bourgeoisie par la Révolution, et étendue jusqu'au peuple par le socialisme ! Et l'histoire nous enseigne que les vrais réformateurs de l'Eglise se sont toujours signalés par un tendre amour pour Elle, se donnant bien de garde de l'exposer jamais aux dérisions de ses spoliateurs et de ses bourreaux ; n'ayant pour ceux-ci ni attentions, ni connivences, ni compositions ; en un mot, retranchant la corruption de la partie humaine de l'Eglise, mais sans prétendre la régenter, sans se mettre en opposition avec elle, sans la livrer à ses adversaires.

Le programme de la nouvelle Revue trahit donc à chaque ligne cette manière d'envisager l'histoire moderne qui appartient en propre à l'école *réformiste*, et qui peut se rendre ainsi : Le motif principal pour lequel le catholicisme perd du terrain chez les peuples civilisés, ce n'est pas l'apostasie de la société, mais le divorce de l'Eglise (2). Proposition doublement fausse ; *théologiquement*, parce qu'il est de toute impossibilité que l'Eglise, même prise telle qu'elle est, avec ses ministres tels qu'ils sont, manque jamais, d'une façon générale et habituelle, à sa mission divine ; *historiquement*, parce que les travaux approfondis des protestants et des positivistes eux-mêmes ont démontré le contraire pour le temps où nous vivons.

Dans le premier article, à côté de cette proposition creuse, « qu'à vouloir mener les consciences comme un régiment, « on risque d'anéantir toute initiative et toute vie », nous

______

(1) Toutes ces critiques tombent à pic sur la *Justice sociale* et ses polémiques : c'est la raison pour laquelle nous citons longuement la *Civilta cattolica*.

(2) Ce sont encore là les théories de la *Justice sociale*, si vivement condamnées par la *Civilta cattolica*.

en remarquons *une autre infiniment dangereuse*, qui est ainsi conçue : « Si l'Eglise, libre de tout compromis, devenait « de moins en moins une puissance politique, et de plus en « plus une communion d'âmes (1), étroitement attachées par « une espérance commune, qui donc, parmi les chrétiens, « conscients ou même parmi les libres penseurs sincères, y « trouverait à redire? » Ce ne serait assurément pas M. Buisson parmi ceux-ci, ni M. Charbonnel parmi ceux-là.

Telle est justement la thèse du docteur Gebert, catholique réformiste de Munich, qui a été naguère d'un si grand secours aux protestants d'Allemagne, la *Ligue évangélique* n'ayant pas manqué de l'invoquer pour inculquer aux catholiques la réforme de la vie intérieure, les inviter à s'émanciper de l'autorité hiérarchique, et les attirer dans l'orbite du subjectivisme religieux. De cette manière, les luthériens seraient restés les arbitres de la vie publique et sociale. En un mot, nous voilà sur le chemin de l'Eglise invisible, et l'on doit comprendre ce que cela signifie, n'eût-on pour bagage théologique que son petit catéchisme.

Il eût été surprenant que *l'affaire Loisy* ne figurât point dans les prémices de *Demain*, et véritablement elle s'y trouve. Elle forme l'objet d'une correspondance de Londres touchant « l'effet produit sur le peuple anglais par la manière « dont la cour romaine en a usé à l'égard de l'abbé Loisy ». La cour romaine n'a guère à s'en louer. « Il a été déclaré en « Russie, dans un journal strictement orthodoxe, que l'Eglise « romaine se trouvait actuellement en procès devant le tri-« bunal de la science et que sa faculté de traiter avec le « monde moderne devait être mesurée sur sa faculté de trai-« ter avec l'abbé Loisy. On prétendait aussi que la faute « d'avoir tardé si longtemps à reconnaître la méthode scien-« tifique signifiait en réalité que l'Eglise romaine avait prouvé « ainsi *son entière impuissance et qu'elle avait détruit pour* « *toujours son prestige et son autorité* dans la personne de « ses représentants officiels. Telle est aussi, à n'en pas dou-« ter, l'opinion générale en Angleterre, parmi ceux qui ont « lu les écrits de l'abbé Loisy... La plupart sont d'avis que « l'orthodoxie, quant à la divinité de Jésus-Christ, appartient « à l'abbé Loisy, tandis que, dans cette vieille controverse,

(1) La *Justice sociale*, on le verra, parle absolument ainsi.

« ni ses adversaires, ni le Saint-Siège lui-même ne seraient
« en état d'écrire cinq lignes sans tomber à chaque mot sous
« l'anathème qui condamna les monophysites... On pense
« donc que le zèle des ennemis de l'abbé Loisy n'a servi qu'à
« *comprometttre le Saint-Siège dans une véritable hérésie,*
« *et à réduire à néant son prestige théologique.* » Le correspondant, après avoir rapporté ce qu'on vient de voir, et
encore autre chose dont nous n'avons pas à nous occuper,
déclare « qu'il ne veut pas rechercher dans quelle mesure le
« lecteur anglais ordinaire peut avoir tort ou raison dans ses
« conclusions ». Il n'a pas même pris garde que, dans le cas
de l'abbé Loisy, il s'agissait des vérités fondamentales de la
religion (1).

Pour tirer maintenant notre conclusion à nous, *Demain*
nous paraît être l'organe d'*un parti dangereux,* dont la place
parmi les novateurs est à l'extrême gauche du prétendu
réformisme catholique.

« Qu'ajouterons-nous, dit la *Vérité,* à ce vigoureux
réquisitoire, sinon qu'il nous rappelle les plus beaux
jours de la *Civiltà ?* Nous le recommandons à la *Revue
du Clergé français,* si pressée de crier aux gens de
Demain : « Bon courage ! » et à la *Justice sociale,* qui
ne leur « tient aucune rigueur de leur hardiesse ».

(1) On va voir que c'est à peu près le cas de la *Justice sociale,*
qui, pourtant, n'a pas parlé de « l'entière impuissance de l'Eglise
romaine », ni de « véritable hérésie compromettant le Saint-Siège »,
à propos de l'affaire Loisy.

III

Erreurs de la « Justice sociale » sur l'exégèse et la Bible.

Si aventureux dans l'interprétation du dogme et de la morale évangéliques, M. l'abbé Naudet devait l'être et il l'a été aussi dans l'exégèse et l'interprétation de l'Écriture Sainte.

Aussitôt que paraît *l'Evangile et l'Eglise* de M. l'abbé Loisy, la *Justice sociale* en chante l'éloge dans deux de ses numéros, 495 et 496, 1903 (1).

Le docteur Lancry semble bien vouloir exécuter une retraite prudente : « Qu'on ne nous fasse pas juges, dit-il, de disputes que nous ne pouvons pas apprécier. » N° 542. Mais M. l'abbé Naudet réplique aussitôt, n° 543 : « Ne craignons pas à l'excès l'examen de questions troublantes. Elles troublent surtout ceux qui ne savent pas attentivement regarder. Ni M. Loisy, ni ses livres *Etudes évangéliques*, *l'Evangile et l'Eglise*, ne ressemblent aux *caricatures* qu'on en fait. En lui, je salue un savant et un prêtre. »

Quand la *Justice sociale* parlait ainsi, *l'Evangile et l'Eglise* était déjà condamné par le cardinal archevêque de Paris, par le cardinal Perraud, d'Autun, et par Nos Seigneurs de Cambrai, d'Angers, de Bayeux, de Belley, de Nancy et de Perpignan.

(1) Pour abréger, nous citons la *Table analytique* de la *Justice sociale* de 1903, parue le 2 janvier 1904.

Arrivent la condamnation de Rome et les décrets de la Sacrée Congrégation du Saint-Office et de celle de l'*Index*, 4 décembre 1903 (1). Voici comment M. l'abbé Naudet prend la chose, dans la *Justice sociale* du 9 janvier 1904 :

Les journaux vous ont annoncé sans doute que plusieurs ouvrages de M. l'abbé Loisy et notamment ceux dont parlait ma dernière lettre viennent d'être inscrits au catalogue de l'*Index*, ce qui veut dire qu'on ne peut les lire désormais *sans une spéciale autorisation*. Les catholiques n'auront aucune difficulté à s'incliner devant cette décision de l'autorité compétente. D'après nos principes, l'Eglise est juge en toute matière qui ressortit au domaine de la foi ; soyez assuré que le bon prêtre qu'est M. l'abbé Loisy n'a pas d'autre sentiment.

Outre qu'on attend, depuis deux années, une soumission explicite « du bon prêtre qu'est M. Loisy », n'y a-t-il pas une impertinence manifeste à réduire une condamnation aussi grave que celle du Saint-Office au besoin « d'une spéciale autorisation » pour lire les livres frappés ?

M. Trois XXX, un autre rédacteur de la *Justice sociale*, ne craint pas d'écrire, en interprétant un article de M. le baron von Hugël, paru dans la *Quinzaine*, aussi suspecte, on l'a vu, que la *Justice sociale* : « Le Saint-Office ne précise aucun point de doctrine appelant une adhésion directe. Dès lors, la condamnation indique simplement que les livres de M. Loisy ont touché et par suite *troublé un public auquel ils n'étaient pas destinés, et que son ignorance de la matière, comme son défaut d'initiation, disposait forcément à certains effarements de conscience.* »

Ainsi donc, ce n'est pas M. Loisy qui est coupable

(1) Elle n'a été connue en France que le 23 décembre 1903, par une *Lettre* du cardinal Merry del Val au cardinal Richard.

d'erreurs : c'est le public « ignorant » qui a eu d'étranges « effarements de conscience » ! On ne se joue pas de Rome avec plus de désinvolture.

Et puis, le Saint-Office a parfaitement « précisé les erreurs très graves », — c'est le cardinal Merry del Val qui parle ainsi, dans sa *Lettre* du 19 décembre 1903 au cardinal Richard, archevêque de Paris — contenues dans la *Religion d'Israël*, *l'Evangile et l'Eglise*, les *Etudes évangéliques*, *Autour d'un petit livre*, le *Quatrième Evangile*. Il les a ramenées à *six* points principaux, développés admirablement par Son Eminence le cardinal Perraud, dans sa brochure : *Les erreurs de M. l'abbé Loisy condamnées par le Saint-Siège sur* :

La révélation primitive ;

L'authenticité des faits et des enseignements évangéliques ;

La divinité et la science du Christ ;

L'authenticité de sa Résurrection ;

La divine institution de l'Eglise ;

Les Sacrements et surtout l'Eucharistie.

Et l'on vient nous dire après cela que le Saint-Office « ne précise aucun point de doctrine » !

Assurément, il n'a rien « défini » ; il n'a promulgué aucun « canon » nouveau ; mais ceux du Concile de Trente et du Concile du Vatican sont toujours en vigueur et ils suffisent pour condamner formellement toutes les erreurs de M. Loisy et de la *Justice sociale*.

Que dire enfin de ces propos du docteur Lancry, dans la *Justice sociale* du 30 janvier 1904 :

LOISY ET BOSSUET. — Joliment intéressants, hein ! les articles du « patron » sur la Bible ? Je m'étais toujours imaginé que la Bible était comme qui dirait la Bibliothèque historique de l'Ancien Testament, dont aucune ligne n'était de foi, mais dont l'ensemble contenait les vérités que le lecteur qualifié — l'Eglise — savait y trouver. C'est ainsi que j'agis avec ma bibliothèque médicale, dont aucune page n'est de *foi scientifique*, mais dont l'ensemble contient la *vérité médicale*, qu'un médecin instruit doit savoir y puiser. Il paraît que ce n'est pas tout à fait cela et même que ce n'est pas cela du tout.

Quoiqu'il en soit, et grâce à tout le bruit fait autour des livres de M. l'abbé Loisy, il est bien établi et bien vulgarisé aujourd'hui que *Bossuet doit être, en tant qu'interprète de la Bible, relégué aux vieilles lunes !*

> Dé-dé-dé-dé-démolissons
> Démolissons son ermitage !

Il y a mieux encore, le 16 avril 1904, le brillant docteur prétend, imagine ou rêve que :

La liberté d'écrire n'appartient dans le clergé qu'à l'évêque, surmené par les charges de son ministère épiscopal et celles de l'administration diocésaine. Voilà, en réalité, à quoi certains voudraient réduire l'Eglise de France ! Et on s'étonne après cela que cinquante mille prêtres, dont beaucoup sont des savants de premier ordre, n'aient aucune influence sociale ! Ce qui m'étonne, moi, c'est qu'ils trouvent moyen d'en avoir encore une si grande !

Encore l'abbé Loisy. — Et si, par malheur, il s'en trouve un qui ait du sang, du tempérament, de l'initiative et de l'intelligence, qui ait conscience de la *momification intellectuelle et sociale* où certains voudraient réduire le clergé français, qui veuille travailler, faire avancer la science, fût-ce celle des Saintes Ecritures : on lui casse les reins sous prétexte qu'il s'est trompé !

Loin de moi la pensée de critiquer tous ceux qui se sont élevés contre les erreurs reprochées à tels et tels, attendu qu'ils ont fait leur très strict devoir et qu'il n'y a qu'à les en féliciter.

Mais je dis qu'il y a là *un défaut d'organisation.* Je dis qu'on devrait trouver *un système quelconque* de permettre à des savants catholiques, *fussent-ils prêtres,* de suivre et de poursuivre leurs adversaires sur le terrain du protestantisme, sur le terrain de la libre pensée, sur le terrain de la libre science, c'est-à-dire de l'*hypothèse* scientifique, sans être obligé de leur casser les reins, si par hasard ils sont malheureux, ou s'ils viennent à commettre quelques erreurs.

Jean Bart et Loisy. — Que dirait-on de Louis XIV, s'il avait fait pendre Jean Bart à la plus haute vergue de son navire, sous prétexte qu'une fausse manœuvre l'avait rendu prisonnier des Anglais ? — On aurait dit : c'est absurde, car plus un seul corsaire n'osera sortir du port de Dunkerque et courir sus aux Anglais.

Eh bien, *humainement parlant*, c'est ce que les mêmes bonshommes voudraient faire avec l'abbé Loisy.

Sa Grandeur Monseigneur Latty ne verra sûrement pas en ces lignes une critique de ses actes, sur lesquels je me suis suffisamment prononcé, je crois, et sur lesquels mon appréciation, loin de se modifier, se confirme tous les jours.

Mais je dis qu'on devrait trouver une organisation quelconque, — par exemple celle des sociétés de diffusion catholique, que je préconisais l'autre jour, — pour permettre à un savant catholique d'explorer toutes les questions controversées, sans risquer l'excommunication en cas d'une erreur involontaire.

Ora pro nobis, peccatoribus. — Je vous demande pardon à tous et surtout à M. l'abbé Loisy d'être encore revenu sur cette question ; mais la faute en est au journal *La Croix*, qui a publié une note qui se terminait par ces mots : « En somme, il faut prier et prier beaucoup pour M. l'abbé Loisy. »

Pourquoi faut-il prier davantage pour l'abbé Loisy que pour le directeur et les rédacteurs du journal *La Croix*?

Je pense que la prière commune à tous les catholiques est ainsi formulée *ora pro nobis, peccatoribus*, et que l'évangile du pharisien et du publicain pourrait fort bien trouver son application en la circonstance.

Que dirait *La Croix*, si je proposais une croisade de prières tout spécialement pour le bonhomme qui a rédigé cette note ?

D'autant plus que le susdit bonhomme ne connaît pas un traître mot de son métier de journaliste, qui est de renseigner ses lecteurs et de leur faire savoir *si le Pape Pie X, qui seul est infaillible, a oui ou non condamné l'abbé Loisy?*

On ne se moque pas avec plus d'impertinence des décrets de la Sacrée Congrégation du Saint-Office et de celle de l'*Index*, dont les décisions ont été, d'ailleurs, confirmées par le Pape.

Ce qui est tout aussi grave, c'est qu'à la fin de 1903 M. l'abbé Naudet, après avoir accepté à l'avance, le 26 décembre 1903, avec une « soumission filiale », la condamnation de M. Loisy, ajoutait :

Si je crois à l'Eglise, je ne suis pas de ceux qui jettent des pierres aux vaincus. Aussi, tandis que, dans un autre clan, on poussera des cris de joie, moins — j'ai lieu de le craindre — pour célébrer la vérité triomphante, que pour piétiner « l'ennemi », j'irai à Bellevue, frapper à la porte de l'ermitage où il habite, et apporter à M. l'abbé Loisy, l'expression de ma fraternelle sympathie.

De plus, M. Naudet publiait, dans la *Justice sociale*, une double série d'articles sous ce titre : La *Bible*, la *Science*, la *Foi*; c'était l'écho, ou plutôt le résumé de ses conférences au Collège libre des sciences sociales, dont voici une annonce, *Justice sociale* du 9 janvier 1904, au lendemain de la condamnation de *l'Evangile et de l'Eglise* de M. Loisy :

M. l'abbé Naudet étudie cette année : *Le fait intellectuel dans la société catholique.*
Sujet de la prochaine leçon :

La Bible, la science et la foi.
L'Évangile et l'Église.

Hôtel des Sociétés Savantes, rue Serpente (Boulevard Saint-Germain) *le mardi*.

Dans son journal, M. l'abbé Naudet s'adressait surtout aux jeunes prêtres et se posait devant eux en professeur suppléant, qui, au lieu de répéter « *les bons manuels, essaiera de projeter un rayon de lumière sur les questions difficiles* ». Voilà donc dûment avertis nos séminaristes et nos jeunes prêtres : « bons manuels » et pauvres professeurs les ont tenus dans les ténèbres « sur des questions difficiles »; M. l'abbé Naudet va y « projeter un rayon de lumière ». Sa modestie bien connue lui fait oublier qu'il y en projette au moins deux : l'un sur l'Ancien Testament et l'autre sur le Nouveau.

* *
*

La *Justice sociale* du 16 janvier 1904 traite de la façon suivante « l'historicité » de la Bible, dont elle croit sauvegarder « l'inspiration » et la « canonicité » :

Dans cette explication du plan divin que nous donne l'histoire du peuple juif, il n'est nullement nécessaire, pour que nous constations l'action providentielle, que Dieu se porte garant des faits et détails qui y sont rapportés. C'est pourquoi les conciles limitent l'obligation de suivre le sentiment de l'Eglise, dans l'interprétation de l'Ecriture, aux « choses de la foi et de la morale ». Mais si l'interprétation est *laissée libre dans les autres choses*, c'est-à-dire comme on l'explique, spécialement *dans les choses d'histoire et de science*, ne serait-ce point que l'Eglise ne nous donne pas l'Ecriture comme une règle infaillible dans ces autres matières ? Si, dans ces matières, le texte biblique était inspiré de la même façon qu'en matière de foi et de morale, pourquoi l'Eglise les laisserait-elle en dehors du champ où elle exerce son autorité de gardienne et d'interprète infaillible de la parole divinement révélée ?...

Les Conciles de Trente et du Vatican nous disent que les livres de l'Ecriture Sainte, — livres historiques et livres moraux — « ont Dieu pour auteur : *Spiritu sancto conscripti, habent Deum auctorem* », et que, par conséquent « l'inerrance » historique est le privilège de la Bible, comme l'inerrance dogmatique et morale. Or, M. l'abbé Naudet dit que, dans « les onze premiers chapitres de la *Genèse*, la plupart des exégètes sérieux ne veulent voir aujourd'hui qu'une *allégorie...* »

Et, après avoir constaté que l'ancienne Synagogue « ne distinguait pas des autres les livres historiques », notre journaliste exégète ajoute :

Evidemment cela ne veut point signifier que les Juifs ne reconnaissaient à aucun de ces livres une valeur historique ; mais tout simplement qu'ils considéraient ces livres plutôt comme des livres d'enseignement moral.

Aussi n'est-il pas défendu de croire que *l'intervention divine n'a pas toujours revêtu la forme d'action directe et personnelle* que nous exposent les divers récits de l'histoire du peuple d'Israël, de sa fondation, de son installation en Palestine, de sa vie nationale, avant, pendant et après la captivité, etc. Mais qu'importe ? Ce qui importe, c'est que, au cours de cette histoire, dont, certes, je me garderais bien de contester tous les faits, nous voyions s'affirmer l'enseignement moral et religieux.

Vous me demanderez peut-être jusqu'où on peut aller dans cette voie, sans se mettre en contradiction avec la doctrine catholique. On peut aller fort loin, mon cher ami, et je ne crois pas que l'on puisse vous condamner, si vous admettez avec certains exégètes que, jusqu'à Abraham, hormis l'enseignement religieux et moral, on ne démêle à peu près rien dans la nuit de l'histoire d'Israël ; que, d'Abraham à Moyse, on se trouve en présence de *récits légendaires,* qui se répétaient sous les tentes des nomades en perpétuelles migrations. Vous pouvez croire que Moyse et les épigones représentent la période de formation, quelque chose comme l'épopée populaire, l'*Iliade* ou la *Chanson de Roland* du peuple hébreu, et que c'est seulement à partir de David et des prophètes que nous entrons dans l'histoire.

N'est-ce pas là corrompre et dénaturer l'Ecriture, y introduire le mensonge ? Comment nommer autrement l'acte de l'écrivain qui insérerait des contes, des légendes dans son récit, et, au lieu de nous en prévenir, nous les donnerait comme vérités révélées ?

Et l'on s'obstine à vouloir concilier de telles aberrations avec ces paroles de Léon XIII, par exemple :

Aussi ne sert-il de rien de dire que le Saint-Esprit s'est servi des hommes comme d'instruments pour écrire, et que quelque erreur a pu échapper, non à l'auteur principal, mais aux écrivains inspirés. Car l'Esprit-Saint a tellement poussé et excité ces hommes à écrire, il les a de telle sorte assistés d'une grâce surnaturelle, quand ils écrivaient, *qu'ils ont dû et concevoir exactement et exposer fidèlement, et exprimer avec une infaillible justesse*, ce que Dieu voulait leur faire dire et *seulement ce qu'il voulait.* Sans quoi il ne serait pas lui-même l'auteur de *toute* l'Ecriture, *sacræ Scripturæ universæ*.

Lisez encore cette fin d'article, *Justice sociale* du 23 janvier 1904 :

Enfin, les historiens n'ont pas inventé ce qu'ils racontent, et comme l'inspiration n'est pas la révélation, nous n'avons aucune raison de croire que Dieu les leur a révélés. Nous en avons d'ailleurs pour garants les auteurs eux-mêmes : *le Livre des guerres du Seigneur* est cité dans le Pentateuque, *le Livre du Juste* dans *Josué ;* les *Actes* ou *Gestes de Salomon,* les *Annales des rois d'Israël,* les *Annales des rois de Juda,* par l'auteur ou les auteurs du livre des *Rois,* etc. Or, il est bien évident que le fait d'être cité dans l'Ecriture n'apporte aucune valeur nouvelle à un document. Nous voyons même parfois la Bible donner des renseignements qui ne concordent pas. Tels ceux qui se rapportent au dénombrement ordonné par David et dont les chiffres sont différents. L'auteur les a mis là probablement, parce qu'il les avait sous la main, sans s'inquiéter de la non concordance, la critique historique ayant peu de prise sur un cerveau oriental ; et comme ces chiffres n'importaient en aucune façon à l'enseignement religieux, *Dieu les a laissés passer simplement.*

Voilà à quoi se réduirait l'inspiration, dans laquelle les catholiques voient une illumination de l'esprit et une motion divine du cœur et de la volonté ! Voilà Dieu, « auteur » de l'Ecriture, *laissant passer* des contradictions, des écarts de chiffres, que tout le monde « estime être des erreurs de copistes » !

« Le dogme du péché originel, dit M. l'abbé Fontaine dans son excellent livre *Les Infiltrations protestantes et l'exégèse du Nouveau Testament,* p. 198, est étroitement uni à la véracité de cette *Genèse,* si allègrement sacrifiée comme légendaire ; notre exégète improvisé n'en a cure ; il n'en parle même pas. »

Mais ailleurs il s'est dédommagé de ce silence et il disait naguère, dans une Conférence populaire au Faubourg Saint-Antoine, à Paris : « Mes amis, vous ne croyez pas que Jonas ait passé trois jours dans le ventre d'un cétacé ? Ni moi non plus. *Vous ne croyez pas à la pomme ? Ni moi non plus.* »

Quant au dogme de la création, la *Justice sociale* du 30 janvier en parle ainsi :

Rappelez-vous le premier chapitre de la *Genèse*, et dites-moi si vous pouvez l'expliquer entièrement sans le commentaire théologique ; si vous pouvez notamment *y trouver la création ex nihilo.*

Dieu est en face du chaos ; cherchez bien et dites-moi si on peut lire dans le texte que Dieu *a tiré la masse des eaux du néant.* Il est évident que l'explication traditionnelle est un développement légitime du texte primitif ; mais il est non moins évident *que le texte est dépassé.* Or, le critique, faisant de la critique, n'a pas le droit de lire dans un texte ce que ce texte ne dit pas.

« Comment donc la tradition et l'Eglise ont-elles *tiré* du texte de la *Genèse* le dogme de la création ? Comment le « développement » est-il « légitime », si « le texte est dépassé » ? Un développement « tire » du texte ce qui y est, mais n'y ajoute rien d'essentiellement nouveau ; il ne crée point, mais rend explicite ce qui auparavant ne s'apercevait peut-être pas. D'après la *Genèse* de M. Naudet, Dieu ne serait que l'arrangeur, mais non le créateur de l'Univers ; il en aurait mis en ordre les éléments premiers, qui auraient subsisté en dehors de lui et sans lui. » (Abbé Fontaine, *Les Infiltrations*, etc., p. 193.)

Il faudrait citer ici la *Divinité des Livres Saints* du P. Schiffini et le savant opuscule du P. Billot, professeur au Collège romain : *Défense de la tradition contre la nouvelle hérésie de l'évolutionisme.* Mais continuons à lire la *Justice sociale.* Le 13 août, elle nous redit ce que nous avions déjà lu :

Plusieurs Pères et toute une école d'exégètes regardent comme symboliques — ici lisez « légendaires » — les onze premiers chapitres de la *Genèse.* Sous l'histoire d'Abraham se cache une migration de tribu ou de race. L'histoire de Joseph vendu par ses frères et de Moïse sauvé des eaux n'a *aucun caractère historique.* Les monuments de l'ancienne Egypte n'ont conservé aucun souvenir des dix plaies et du passage de la Mer Rouge, qui, certes, étaient de nature à se graver dans les souvenirs, tandis que d'autres faits sans importance nous ont été soigneusement conservés... Ce que nous pouvons dire toutefois, c'est que les historiens sérieux, croyants ou non, s'accordent pour reconnaître le séjour des Hébreux en Egypte. » Témoin Maspéro.

Il faut donc Maspéro pour authentiquer Moïse ? Mais que dis-je, Moïse ? La *Justice sociale* du 30 juillet 1904 dogmatisait ainsi :

Le Pentateuque n'est pas de Moïse. La critique littéraire nous apprend comment on peut, en comparant les formes littéraires, le dater et, par suite, en tirer des conclusions touchant son historicité. Il suffit de comparer la langue du Pentateuque à celle des Psaumes ou des Juges. On constate facilement que la langue du Pentateuque est *plus moderne.* De même, si vous comparez un discours de Lacordaire et de Mascaron... Le Pentateuque est du viii° siècle avant Jésus-Christ.

M. Naudet le prouve-t-il au moins ? Il n'en a aucun souci. Il dirait, comme la femme autoritaire de Juvénal, que les choses sont, parce qu'il veut qu'elles soient :

Hoc volo, sic jubeo, sit pro ratione voluntas.

M. l'abbé Vigouroux, l'éminent sulpicien, membre de la Commission biblique, instituée par Sa Sainteté Léon XIII, et auteur de ces excellents ouvrages, *La Bible et les découvertes modernes, La Bible et la critique,*

Manuel biblique, a écrit 600 pages pour réfuter ce prétendu oracle de la « science » formulé par M. Naudet : Le Pentateuque n'est pas de Moïse. Il date du VIIIᵉ siècle avant Jésus-Christ. Sa langue est plus moderne que celle des *Juges* et des *Psaumes.*

Certaines particularités grammaticales, écrit M. Vigouroux, des archaïsmes et des locutions, introuvables ailleurs, démontrent l'antiquité du Pentateuque. *Les Juges* sont remplis du Pentateuque ; on y lit des passages entiers de *l'Exode* et même du *Deutéronome.* Moïse est le père de la poésie hébraïque ; les *Psaumes* sont tout imprégnés de la loi.

Suivent cent références du docte sulpicien, que nous ne saurions reproduire ici. (Voir *La Bible et les découvertes modernes,* t. I, p. 183 et suiv. ; *Manuel Biblique,* t. I, p. 330 et suiv. ; *La Bible et la critique,* t. III). « Mais à quoi bon discuter avec M. Naudet, qui ignore à peu près tout, de ces questions ? » ajoute M. l'abbé Fontaine.

Après l'exécution de Moïse par M. l'abbé Naudet, voici celle des Prophètes :

Le prophète Daniel pourrait bien n'avoir jamais existé comme personnage historique. Son œuvre, celle du moins qu'on lui attribue, devrait, disent certains, être ramenée jusqu'à la période machabéenne, aux environs de 170, avant Jésus-Christ.

Je cède ici la parole à M. l'abbé Fontaine, dans la *Vérité française* de septembre 1904 :

Ailleurs, M. Naudet nous a appris, *toujours d'après certains,* que Isaïe et Jérémie n'ont écrit que quelques pages des prophéties qui portent leur nom.

En tout ceci, le directeur de la *Justice sociale* semble avoir copié la petite Histoire Sainte que le pasteur Kœnig vient de publier. Quoiqu'il en soit, cette Bible ainsi défaite, désarticulée et comme désossée, où rien ne tient plus, a un inconvénient très grave, auquel M. Naudet n'a pas songé : elle ne peut plus porter la dogmatique révélée, qui s'écroule par là même.

Quelle autorité ce Pentateuque *du viiie siècle avant Jésus-Christ* peut-il bien avoir, pour témoigner de la création du monde et de l'homme, qu'il aurait lue, nous dit M. Naudet, dans la mythologie du dieu Ptbah ? Et surtout que peut-il nous dire de l'Eden, de la chute adamique et de l'état surnaturel, dont elle fut précédée, si les *onze premiers* chapitres de la *Genèse* sont tous *symboliques ou légendaires ?* Où a-t-il pris ce qu'il nous raconte, ce Pentateuque du viiie siècle ? Dans des traditions primitives, dont on ne trouverait aucune trace au cours des siècles précédents .

Que devient le prophétisme, si *Daniel* n'a jamais existé et si *Isaïe et Jérémie n'ont écrit* que quelques pages de leurs prétendues œuvres ? Le Messianisme chrétien et universaliste reposait à la fois sur ces prophéties et sur les bénédictions patriarcales ; celles-ci sont emportées évidemment avec les récits historiques dans lesquels elles étaient encadrées, récits que l'on nous dit être de pures légendes. Et c'est sur ce monceau de ruines que l'on prétendrait édifier la dogmatique du Nouveau Testament ?

** * **

Ce qui semble encore plus regrettable que ces *Lettres* sur l'Ancien Testament, ce sont celles qu'a publiées la *Justice sociale* sur le Nouveau Testament.

On lisait, en effet, sous la signature de M. l'abbé Naudet, le 20 août 1904, huit mois après la condamnation de l'abbé Loisy et de l'abbé Houtin :

« Ne perdons jamais de vue que les Evangiles sont beaucoup plus un guide du prédicateur qu'un travail d'historien... Nous n'avons de la naissance de Jésus-Christ que quelques traits isolés et *regardés par plus d'un comme discutables.* Quand ils rapportent les *discours du Sauveur,* les synoptiques paraissent avoir moins en vue *l'exactitude historique* que l'édification religieuse ; et lorsque l'on voit, par exemple, chez Matthieu et chez Luc, la même parabole rapportée de deux façons différentes, n'est-on pas autorisé à conclure que la parole du Maître a été l'objet d'une *certaine idéalisation*, soit que cette idéalisation provienne des écrivains eux-mêmes, soit qu'elle provienne de la tradition dans laquelle ils ont puisé ?...

« On découvre dans les Evangiles des *accommodations* ou des *paraphrases* de discours, que le Sauveur n'a pas prononcés tels qu'on nous les rapporte. »

Evidemment : il parlait en araméen et « on nous les rapporte » en grec, en latin, en français. Mais le sens et la nature des discours du Sauveur sont intégralement conservés et « rapportés. »

Aussi dans les articles cités plus haut, « il y a, dit M. l'abbé Fontaine, la négation de la *véracité historique et doctrinale* des Evangiles synoptiques. La véracité *historique* n'existe plus même en ce qui concerne les faits connexes au dogme le plus fondamental, la naissance du Sauveur.

« Je crois même que la pensée de M. Naudet s'étend ici à tout l'Evangile de l'Enfance. Quels sont ces « traits discutables aux yeux de plus d'un » et sans doute de M. Naudet ? Est-ce l'adoration des Mages, ou l'Annonciation elle-même, en d'autres termes, l'Incarnation ? Voilà deux traits, l'un postérieur, l'autre antérieur à la naissance ; tous deux nous arrivent sous la *triple* garantie de la *sincérité* de l'historien, de son *inspiration* et de l'*autorité* de l'Eglise. Si vous niez l'adoration des Mages, pourquoi ne pas nier l'Incarnation ? Et alors tout le christianisme s'écroule. M. Naudet y arrive par une autre voie : en ruinant la *véracité doctrinale* des Evangiles. »

Il ne faut donc pas s'étonner de la note parue dans la *Justice sociale* du 6 février 1904 :

P.-S. — Plusieurs nous ont posé, avec grande bienveillance, d'ailleurs, certaines questions à propos de l'inspiration et de la manière dont nous comprenons l'encyclique *Providentissimus*. Nous prions nos chers correspondants de bien vouloir nous faire crédit ; chaque chose doit venir à sa place ; mais nous leur répondrons.   P. N.

Les lecteurs de M. l'abbé Naudet s'alarmaient donc de ses hardiesses ; or, loin de dissiper leurs alarmes, le directeur de la *Justice sociale* les a plutôt aggravées dans deux articles spéciaux, où il essaie de « prouver que l'action inspiratrice ne s'exerce directement que sur la *volonté*; si elle atteint l'*intelligence*, ce n'est que par voie de conséquence et de façon indirecte (1). La Bulle *Providentissimus Deus* enseigne expressément que l'*inerrance* est le résultat nécessaire de l'inspiration, dans tous les textes bibliques, sans exception aucune. M. Naudet commence par le rappeler ; mais immédiatement après, il entasse, sans explication ni réserve, toutes les antilogies, apparentes ou réelles, que les protestants et les rationalistes prétendent trouver dans la Bible. On dirait une longue ironie, se déroulant à travers je ne sais combien de colonnes de son journal, et

______

(1) C'est à M. l'abbé Fontaine, *Infiltrations*, p. 206, qu'est emprunté ce résumé.

Voici, d'ailleurs, ce que disait M. Naudet lui-même, le 5 mars 1904 : « L'inspiration 'n'a point changé l'humaine nature. Les inspirés restent eux-mêmes; ils écrivent librement ; ils jugent avec leur propre raison ; ils se souviennent avec leur propre mémoire ; ils racontent avec leur propre imagination ; bref, l'action divine ne supprime aucune de leurs facultés naturelles; et devenant plus habiles à remplir leur vocation, les écrivains n'en gardent pas moins *leurs faiblesses ou leurs défauts*, faiblesses et défauts inhérents à leur nature et au milieu contemporain.

« Voilà pourquoi les inspirés écrivaient dans le style de leur temps, et sacrifiaient au goût de leur temps.

« Ainsi s'expliquent bien des choses que, sans cela, on ne comprendrait pas : interminables listes de noms inutiles ou de généalogies banales, répétitions fréquentes, termes impropres, négligences de style, fautes grammaticales, etc. Comme on l'a dit fort bien : « L'inspiration est le noyau, non l'écorce; elle est la lumière, non la lampe ». Peu importe d'où jaillit cette lumière ; l'important est qu'elle soit allumée par Dieu. »

à laquelle il donne cette conclusion : Vous voyez bien que Léon XIII, qui connaissait toutes ces choses, n'entendait point parler d'une inerrance absolue. Et pour la justifier, (M. Naudet) se lance dans toutes sortes de divagations sur les prétendues « apparences scientifiques et historiques » que le pape et saint Jérôme auraient eux-mêmes reconnues dans l'Ancien Testament...

« M. Naudet ne veut entendre sur cette question que le P. Lagrange ; il le cite à tout propos et hors de propos, tirant de ses textes des conclusions que répudierait sans aucun doute le docte dominicain. L'auteur de la *Méthode historique* a trouvé dans le directeur de la *Justice sociale* l'interprète le plus compromettant ; les *Lettres* sur la *Bible*, la *Science* et la *Foi*, constituent le plus terrible réquisitoire que l'on puisse dresser contre la méthode historique elle-même (1). »

Toujours est-il que M. l'abbé Naudet annonçait, dans la *Justice sociale*, il y aura bientôt deux ans, que ses *Lettres* seraient publiées en volume. Il disait lui-même, il y a un an, à un laïque, auditeur de ses conférences au Collège libre des sciences sociales : « Veuillez attendre deux mois et vous aurez mes *Lettres* sur la *Bible*, la *Science* et la *Foi*. » Les deux mois ont duré un an et nous n'avons toujours pas son volume, ses précieuses *Lettres*, si bruyamment annoncées encore le 14 janvier 1905 :

Nous n'avons pas terminé l'analyse des articles de M. l'abbé Naudet sur la Bible. M. l'abbé Naudet devant prochainement publier ses articles en volume, nos lecteurs y trouveront sa pensée définitive. Ce volume, nous le savons, sera enrichi de notes, et les lettres publiées dans la *Justice sociale* seront complétées.

(1) *Les Infiltrations*, etc., p. 207.

Le docteur Lancry disait dans la *Justice sociale* du 8 octobre 1904 :

Post-Scriptum. — Mais savez-vous que c'est *bigrement* intéressant les articles de l'abbé Naudet sur « La Bible, la Science et la Foi » ? — *Je vous crois* que je souscris un exemplaire pour la publication en volume ! Ça, ça sera le *chef-d'œuvre* de l'abbé Naudet.

Pourquoi donc ce « chef-d'œuvre » n'a-t-il pas vu le jour ?

N'est-ce point par crainte d'une condamnation à Rome, que quelque prudent ami aura fait redouter au directeur de la *Justice sociale ? Initium sapientiæ timor Domini.* En attendant, le mal fait au jeune clergé par l'exégèse téméraire et anti-traditionnelle de la *Justice sociale* est assez grand pour provoquer l'épigramme que décochait naguère aux Naudet, Dabry et consorts, un journaliste boulevardier, dans un article sur Pasteur, aussi illustre par sa foi que par son génie :

Nous vivons dans un temps où de petits abbés discutent si bien leur foi qu'ils ébranlent la nôtre, et mêlent si bien la science à la religion qu'ils nous font douter des deux.

IV

Erreurs de la « Justice sociale » sur la dévotion envers les Saints.

Les Saints ont la malechance de trouver en M. Noël Dossemond, prêtre et collaborateur de la *Justice sociale*, un ami très intolérant contre « certaines dévotions, qui ont trop facilement laissé germer près d'elles des plantes parasites ».

Il écrit donc dans la feuille de M. Naudet, et cette nouvelle recrue, casque en tête, la lance au poing, « s'essaie au gros échenillage à opérer » parmi les dévotions, dit la *Justice sociale* du 4 février 1905.

La prudence est nécessaire, lui a fait remarquer M. l'abbé Viviant :

Sans doute ; mais, hélas ! toutes les superfétations que les prêtres instruits déplorent sont trop solides et — faut-il le dire ? — parfois trop lucratives, pour que même l'*imprudence* et l'*indignation* en viennent à bout. Dussions-nous étonner par nos révélations les âmes candides, il n'est pas mauvais d'être francs, pour ramener à nous les gens instruits et sérieux qui, tôt ou tard, font l'opinion.

Voilà qui promet, et Noël Dossemond tient ses promesses. Il s'en prend d'abord au Scapulaire du Mont-Carmel :

En admettant, dit-il, la réalité de l'apparition (de la Sainte Vierge à Simon Stock), les paroles qui l'accompagnaient : « Ceux qui mourront avec ce saint habit sont assurés de ne pas aller en enfer », sont, *prises à la lettre*, invraisemblables.

Et d'abord, c'est faire du salut, grave affaire, une question de cordons solides (!!!).

On nous dit (1) : Si vous *devez être damné*, Dieu s'arrangera de manière à ce que votre scapulaire se brûle, se casse, soit arraché, etc. Qu'en savez-vous? De quelle mécanique inventée par vous faites-vous Dieu le valet? Voilà un parpaillot qui, en assassinant, reçoit de sa victime un coup mortel, et perd toute connaissance. La sœur de l'hôpital où l'on conduit ce bandit lui passe au cou le scapulaire marron ; il meurt avec ce préservatif. Plus d'inquiétude. *Eût-il commis dix meurtres et vécu en Sardanapale, il est garanti de l'enfer* (2). Autrement, on n'aurait pas pu le lui mettre ! Encore une fois qu'en savez-vous?

Il y a mieux. Si vous lisez les petites brochures traitant du scapulaire, sur lesquelles un trop grand nombre juge de la beauté de notre doctrine, vous y verrez des faits miraculeux très jolis. D'après l'opuscule que j'ai entre les mains, (*Le Scapulaire* : en vente chez Paillart, Abbeville ; revêtu de légitimes approbations), avec le précieux morceau d'étoffe on se garantit, non seulement de l'enfer, mais aussi du feu, du tonnerre, des assassins, des cheminées branlantes, de l'eau et des tempêtes, par voie de conséquence. Cela probablement réussit d'autant mieux qu'on a des péchés mortels (3) ; car, sans ce dernier point, le scapulaire du Carmel n'aurait plus pour but de nous préserver des flammes éternelles, ce qui est sa fin capitale et la cause de son succès.

J'ai même assisté dans ma vie à une scène bizarre. On avait amené, en 1870, à l'hôpital, un soldat blessé, déjà dans le délire, à la suite d'une hémorrhagie. La sœur voulut lui imposer le scapulaire. Le mourant s'imaginant peut-être que c'était une corde pour l'achever, s'en défendait vigoureusement. A la fin, la sœur fut victorieuse : « Eh ! bien, maintenant me voilà tranquille », dit-elle. L'âme était sauvée. A quoi tient une éternité ! Qu'on m'accorde aussi quelques topiques citations prises dans la brochure dont je viens de parler.

C'est à croire que le scapulaire marron peut remplacer

(1) Qui, *on* ? Aucun prêtre sensé ne parle ainsi.

(2) Encore une fois, personne n'a soutenu ces extravagances, inventées à plaisir pour ridiculiser le Scapulaire.

(3) Ce sont là d'inqualifiables et irrévérencieuses faussetés.

avantageusement les ceintures de liège ou de caoutchouc à l'usage des baigneurs (1) :

« Une congréganiste, fervente, se baisse pour tirer de l'eau d'une citerne. Elle tombe,... on a peine à ramener avec des crocs le corps inerte... Les dents sont si serrées qu'on ne peut en arracher un scapulaire dans lequel elles sont enfoncées, la personne étant restée trois quarts d'heure dans l'eau ! » « En 1876, un enfant de cinq ans, enrôlé dans la confrérie du Carmel, tombe dans un puits qui avait trois mètres d'eau : au lieu d'enfoncer, le petit enfant... tend les bras... Ni le corps ni les habits n'avaient été mouillés ! » « Un malheureux, que poursuivait la tentation du désespoir, se jette dans la Seine. Il ne put jamais se noyer, quoiqu'il s'y reprît à deux fois. Il avait gardé son scapulaire » ! « Une désespérée se précipite dans la rivière ; quoiqu'elle ne sache pas nager, elle ne peut parvenir à se noyer et reste sur l'eau. Ce qui l'empêchait de se noyer, c'était son scapulaire. Elle l'arrache et s'enfonce ! »

Le scapulaire éteint également les incendies, etc...

Transportez ces faits dans Tacite ou Tite-Live : qui les accepterait ? (2)

On dit : C'est possible ! Il est possible qu'il se trouve des hommes dans la planète Mars : est-ce suffisant pour l'affirmer ?

On avouera que la comparaison est plus qu'irrévérencieuse. D'ailleurs, ces miracles ne sont imposés à la croyance de personne. Enfin, la « toute-puissance suppliante » de la Sainte Vierge ne peut-elle pas récompenser par de tels prodiges la piété filiale de ses vrais enfants ?

Il ne s'agit pas de persuader aux fidèles que « mourir avec le Scapulaire marron est une marque assurée de prédestination » — ce qui est absurde —, mais de leur montrer que la dévotion raisonnable du Scapu-

(1) Ces épigrammes, qui voudraient être spirituelles, ne détonnent-elles pas absolument sous la plume d'un prêtre ?

(2) Ni Tacite ni Tite-Live n'ont pu parler de prodiges semblables aux miracles de la Sainte Vierge par le Scapulaire.

laire, comme celle du chapelet, est une source de grâces précieuses et un moyen d'assurer son salut.

Mais voilà : Noël Dossemond « échenille, échenille », tant et si bien que la vraie dévotion est « échenillée » comme les abus, inséparables de toute bonne chose... et de la nature humaine.

Du reste, notre maître « échenilleur » oublie qu'il y a, dans chaque diocèse, un évêque ou un archevêque, et à Rome une Sacrée Congrégation des Rites et un Pape, pour s'occuper des « dévotions », pour en régler la pratique et les usages : personne n'a confié ce soin à Noël Dossemond, absolument dépourvu d'autorité en cette matière, qui n'a rien à voir avec la *Justice sociale*.

Il ne nous convient donc pas de suivre « l'échenilleur » Dossemond, dans toutes les phases « du procès intenté par lui aux dévotions puériles », comme parle, dans la *Justice sociale* du 8 juillet, un certain Larroque, pourfendeur, lui aussi, de quelque pratique imaginée à Saint-Etienne par les Pères Rédemptoristes.

Mais, après le Scapulaire, c'est saint Antoine de Padoue qu'exécute M. Noël Dossemond, *Justice sociale* de 1904, n° 590 :

La dévotion à saint Antoine de Padoue est « une dévotion par le trou de la serrure (?) » Que d'esprit, mes amis, que d'esprit et de quelle trempe !

Lisez l'explication de ce rébus, *Justice sociale* du 19 novembre 1904 :

Comment un érudit, désireux de pénétrer dans nos doctrines, ne regarderait-il pas le groupe représentant le moine, le livre et l'enfant, non comme une œuvre allégorique, mais comme une réelle vision faisant partie intégrante de l'enseignement catholique? Le voilà qui consulte une vie de ce saint et il cherche quelle circonstance capitale a pu doter *le monde entier* d'une pareille statue. Après les grenouilles qui se taisent et les poissons qui viennent écouter le saint, il arrive en effet à cette découverte : « Un ami de saint Antoine de Padoue, admirateur légitimement passionné du vénéré religieux, eut la curiosité de le contempler *à travers la porte ou la serrure* de la chapelle, et aperçut l'enfant Jésus sur les bras de son dévot serviteur. »

Voilà tout. Un regard d'un frère quelconque, nature mystique, au vingtième degré impressionnable, au travers d'une fente (on voit tant de choses, avec de la bonne volonté par le trou d'une serrure !) a suffi pour doter des milliers de temples d'ex-voto, d'images, de statues en pierre, en fonte, en stuc, en marbre, où fidèlement le petit Jésus assis ou droit sur le livre, baise ou frôle de la main (la serrure n'a pas tout déterminé) le visage illuminé du thaumaturge. Et c'est sur une preuve de cette trempe que s'appuie généralement le monde dévot !

Un seigneur du Limousin, témoin oculaire du miracle immortalisé par la peinture et la sculpture, n'est pas du tout « un frère quelconque » et mérite d'être cru.

Puis, dans la *Justice sociale* du 1er avril 1905, c'est la communion des *neuf vendredis*, à propos de laquelle M. Noël Dossemond, qui l'appelle « une panacée incroyable », n'attaque pas la dévotion au Sacré-Cœur, oh ! non, mais les faits plus ou moins discutables auxquels elle doit son origine :

J'ajoute et je répète encore, avec tous les théologiens et les médecins, que les hallucinations pieuses s'allient très bien avec la bonne foi et peuvent naître dans la plus sainte des âmes.

Or, une religieuse de Paray, Marguerite-Marie, fortement éprise de l'amour de Jésus et encouragée par son confesseur le Père de la Colombière, jésuite, a donné de mémoire le récit des longues et incessantes conversations, *plus ou moins mystiques*, qu'elle aurait eues avec Notre-Seigneur.

Tout cela a-t-il eu lieu ?

Il faut s'en rapporter à la voyante et à elle seule (1), et il est impossible de contrôler son témoignage. Nous ne pouvons

____

(1) Oui, mais elle est Bienheureuse.

être assurés qu'elle n'a pas pris, au moins parfois, ses imaginations pour des réalités, ni qu'elle ait rapporté fidèlement, si tous ces entretiens ont eu lieu, ce qu'elle aurait entendu très longuement (il y a tout un volume), de la bouche du Maître.

Des révélations, en effet, ont des parties tellement étranges que jamais le texte *vrai* et complet n'a été communiqué aux conteurs qui ont voulu *publier* le récit *intégral* des visions de la Bienheureuse.

Et que d'autres *points d'interrogation* qu'il n'entre pas dans ma pensée de résoudre ici ! Est-ce que vraiment Notre-Seigneur a désigné Louis XIV, qui venait d'incendier tout le Palatinat, d'humilier le Pape pour une vétille d'amour-propre, d'imposer la formule *hérétique* (1) de 1682, etc., pour son lieutenant sur terre et lui a promis partout victoire, pourvu qu'il mît sur ses étendards un cœur dessiné par une religieuse alors inconnue ?

Voici encore une autre dévotion « échenillée » par M. Noël Dossemond, dans la *Justice sociale* du 30 septembre 1905 :

Dans une grande paroisse de la Haute-Loire, c'étaient des reliques de la Sainte Vierge. Une paire de babouches en cuir de Cordoue et approchant — quelle excellente marchandise ! — deux mille ans ! Les cordonniers n'en font plus de cette force. — Une petite statuette de la Vierge apportée, disait le cicérone (2), par... le prophète Jérémie, etc.

Il faut reconnaître, pourtant, que la *Justice sociale* elle-même a reculé devant « l'échenillage » violent que Noël Dossemond pratique à outrance. Il nous le dit dans une *Lettre confidentielle* (?) aux lecteurs de la *Justice sociale*, 21 octobre 1905 :

Evidemment, le monde, qui ne fait guère partie de la clientèle de la *Justice sociale*, mais sous le cristallin duquel ce journal peut tomber, est à respecter.

(1) Elle ne l'était pas alors ; elle ne l'est que depuis 1870 et pour un article seulement sur les quatre de 1682.

(2) Le « cicérone » est-il un prêtre ? Et tout cela, emprunté à un écrivain irréligieux, est-il exact, authentique ?

Voilà pourquoi mon dernier article sur les reliques, intitulé : *Ce qu'on pense de nous*, a été *écourté* par le rédacteur en chef, très légitimement, je le reconnais sans peine. Oiseau aventureux dont on a coupé la queue, un peu les ailes, pour qu'il puisse tenir dans la cage.

Assurément, je ne peux pas vous désigner en détail, sans m'exposer à la même censure, ce que renfermaient les parties supprimées. Je vous soumets simplement une réflexion (c'est le but du présent article) en vous priant d'y joindre une résolution. Voici :

Dans les endroits mis à l'écart, je nommais tout naïvement une relique de Notre-Seigneur et une autre de la Sainte Vierge, toutes deux fort célèbres. La première a eu les honneurs d'un mandement d'évêque, d'un monument à C..., où, pendant des siècles on l'a adorée, entourée de cierges et d'offrandes. De grands théologiens, tels que Suarez, Salmeron, Tolet, etc., ont disserté longuement sur sa haute valeur ; la relique a donné son nom au pays où les foules sont venues la vénérer pendant des siècles. (C... vient de *caro rubra*).

L'autre relique, relevant de la Sainte Vierge, a également fourni le nom au gros bourg où on lui a depuis longtemps rendu de grands honneurs, (S... *de sanctum lac*). Saint Bernard, au dire de ses historiens, participa à ce précieux talisman, que quinze sanctuaires se disputent l'honneur de posséder. Il nous vient d'un prisonnier des Turcs, qui l'aurait obtenu de ses vainqueurs !

On croit, sur parole, un croisé quelconque et un musulman ; si tant est qu'ils aient parlé !

Si de pareilles et aussi vénérables antiquités ne peuvent pas même être appelées par leur nom dans la *Justice sociale*, sans risquer de *scandaliser* les uns et *d'émouvoir joyeusement la rate des autres*, aux dépens de la crédulité de certains catholiques, comment veut-on que les érudits incrédules, qui n'ont pas à se gêner, ne nous prennent pas en pitié ?

Ils ont tort, voilà tout.

Faut-il s'étonner, qu'en termes courants, les pasteurs protestants, avec quelque apparence de raison, blâment *l'idolâtrie romaine*, confondant ce qu'enseigne l'Eglise avec ce qu'inventent les hommes, et ce que rêvent des visionnaires de la trempe de Catherine Emmerich ?

« L'idolâtrie », n'en déplaise à M. Noël Dossemond, n'a rien à voir dans le culte, même exagéré, de reliques non authentiques : on les vénère, on ne les *adore pas* (1).

Mais écoutons les propos belliqueux de notre impitoyable « échenilleur » :

Je suis d'avis qu'il faut en finir, et résolument démolir des *fétiches*, qui n'offrent aucune espèce d'authenticité acceptable et frisent le ridicule, pour ne pas dire qu'ils le dépassent. Dût-on recevoir des coups, il faut purger notre culte, si beau et si raisonnable, de toutes les superfétations que la *bêtise* ou la spéculation y ont introduites à la faveur de notre *candeur ancestrale*.

Voyez-vous les catholiques, « idolâtres » tout à l'heure, passés maintenant à l'état de « fétichistes », avec la « bêtise » d'une « candeur ancestrale » ?

Dans la Loire, un brave curé exposait chaque année un fort fragment du bras de saint Pierre. Ce morceau d'os était par son origine récente *absolument invraisemblable*.

Comment, je vous le demande, un os peut-il être *absolument invraisemblable*, et surtout « par son origine récente » ? Il est authentique ou non, voilà tout.

Un prêtre, ami du curé, conseillait à ce dernier de s'en défaire sans bruit : « Ah, mon ami, répondit sans malice le brave desservant, *cette relique bien menée nourrit son homme* » !!!

Ce motif de *vitesse acquise* (?) et d'intérêts à sauvegarder, assez rare heureusement, n'est capable d'entretenir un engouement qu'aux dépens de la foi et de la dignité de

(1) Dans une Conférence qui a été imprimée, *les Orientations nouvelles de la pensée religieuse*, M. l'abbé Brugerette parle « d'idolâtrie » à propos de saint Antoine de Padoue et de saint Expédit. — Est-ce que Noël Dossemond ne serait que le masque de M. l'abbé Brugerette ?

l'Eglise. Le plus divin des pavillons dans l'esprit public couvre la dernière des marchandises. Prêtres, nous *avons tous le devoir* d'arrêter cette contrebande...

N'en déplaise à « l'échenilleur » Dossemond, « le devoir d'arrêter cette contrebande », si « contrebande » il y a, est « le devoir » de l'autorité compétente, et non pas de la *Justice sociale*.

***

On le lui a dit dans la *Vérité française* du 4 octobre 1905, où M. Th. D. (Delmont), docteur ès-lettres, a prestement relevé un article de Noël Dossemond, dans la *Justice sociale* du 8 juillet, sur *saint Louis de Gonzague*.

Est-ce une « dévotion puérile », disait M. Delmont à notre « échenilleur », que celle de saint Louis de Gonzague, patron de l'enfance et de la jeunesse catholique, et cela de par l'Eglise de Dieu?

« Voici comment parle M. Noël Dossemond, un abbé, s'il vous plaît, comme vous allez le voir :

Ce n'est jamais sans *mauvaise humeur* que je lis la légende de saint Louis de Gonzague, sur lequel j'ai à parler à mes jeunes gens chaque année.

« Suit un abrégé de la légende du bréviaire et de la vie si connue du grand saint vénéré de tous. »

Le bréviaire, reprend Noël Dossemond, ajoute que Louis de Gonzague n'éprouva jamais aucune tentation ni aucun trouble de l'âme. Cette chance n'est pas abordable pour nos élèves.

Ainsi, une grâce exceptionnelle du ciel, c'est « une chance! »

Quand donc, me disait un Père Jésuite, fera-t-on le récit des *défauts* de Louis de Gonzague?

Comme si les « défauts » des saints, alors même qu'ils en auraient eu, devaient être proposés comme modèles à la jeunesse ! D'ailleurs, ce « Père Jésuite » invoqué par Noël Dossemond est-il bien authentique ? Les Pères Jésuites sont trop avisés pour démolir leurs « saints » et dire à Noël Dessemond :

Quand donc fera-t-on le récit des défauts de Louis de Gonzague, au lieu de le transformer en une *image diaphane* de dévotion ? *Petit météore nébuleux*, impalpable, qui ne peut servir de modèle.

Cette « image diaphane », ce « petit météore nébuleux » sentent leur Noël Dossemond d'une lieue.

Notre « échenilleur » continue :

Voyez-vous d'ici les étudiants de la rue des Postes copiant saint Louis de Gonzague ? Comme lui, demeurant sans bouger de 8 heures à midi, se contentant d'un dîner de 30 grammes, et *détournant les yeux de leur maman*, dormant sur des débris d'assiettes et de carafes ? Excellent moyen pour travailler et se préparer aux concours ! Un écolier qui persévèrerait dans de tels caprices serait mis à la porte avant un mois. Des parents ou des maîtres qui supporteraient les *excentricités* que, bien à tort, on prête au patron de la jeunesse, mériteraient d'être enfermés à Bicêtre.

En supposant qu'il plaise à Dieu qu'un enfant faible ne mange jamais son soûl, demeure avec la faim, ce dont il est plus que permis de douter, est-il vraisemblable que les père et mère, les surveillants de Louis aient toléré de telles habitudes ? Comment admettre aussi qu'il s'est trouvé des *énergumènes* pour le flageller, quand il entrait en agonie ?

Ne pourrait-on pas une bonne fois débarrasser la vie de ce brave enfant de cet amas de *puérilités qui font rêver aux fakirs de l'Inde ?*

Les Pères Jésuites sont de taille à défendre leur héros contre l'hypercritique de M. l'abbé Noël Dossemond. En tout cas, ce sont eux qui sont visés, pour avoir autorisé, supporté « les excentricités » de saint

Louis. Ce sont eux qui ont « mérité d'être enfermés à Bicêtre », pour avoir eu « des énergumènes flagellant » un moribond et fait insérer dans le bréviaire « cet amas de puérilités qui font rêver aux fakirs de l'Inde ».

« Jésuites et catholiques sensés, disait M. Delmont, protesteront avec indignation contre cet odieux travestissement d'une des plus grandes gloires de la sainteté.

« Ah ! si tous nos étudiants de la rue des Postes et d'ailleurs étaient des Louis de Gonzague, comme nous serions ravis, non pas de les « mettre à la porte », mais de les garder, pour embaumer nos écoles du parfum de leurs vertus et affronter sans crainte tous les examens ! »

Du reste, saint Louis de Gonzage, élève du Collège Romain en 1587, y soutenait, à dix-neuf ans, plus de vingt thèses avec une intelligence et un éclat qui lui valurent les compliments de deux cardinaux présents.

« Parler de « Bicêtre, » à propos des maîtres de saint Louis de Gonzague, et « d'énergumènes » à propos de ceux qui auraient « flagellé » l'agonisant (1), c'est d'une suprême impertinence. Et le Curé d'Ars, alors, avec ses disciplines de fer, était un « énergumène », un fou ? Des « énergumènes », des fous, tous les héros de la mortification chrétienne !

« Ah ! comme saint Paul avait raison de dire que la sagesse des chrétiens est « folie » pour ceux qui n'ont pas la foi, ou qui la perdent étrangement !

« Mais continuons la lecture de l'abbé Noël, expectorant sa « mauvaise humeur ».

Abandonnons les impossibilités, les affirmations gratuites de chroniqueurs à *cerveau obtus et comprimé.*

(1) Notez que le bréviaire dit que saint Louis demanda à être flagellé, *flagellis cœdi*, mais non pas qu'il fut flagellé.

« Voilà bien arrangés, les auteurs de la légende du bréviaire et des nombreuses vies de saint Louis de Gonzague, écrites la plupart par des Jésuites !

Où a-t-on pris l'assurance que Louis de Gonzague ne commit jamais de *péché*, que Dieu lui enleva les tentations, sources de mérite ?

Mais c'est son confesseur, M. Noël, c'est son confesseur, le cardinal Bellarmin en personne, qui affirma que saint Louis n'avait jamais commis de « péché mortel » ! Et c'est Dieu qui le récompensait de son vœu de chasteté et de ses efforts pour garder la belle vertu, en « lui enlevant les tentations », comme autrefois à saint Thomas d'Aquin !

Quand il était avec sa mère, a-t-on toujours regardé à travers la serrure pour savoir si les yeux de l'un et de l'autre ne se rencontraient jamais ?

Un enfant qui n'est pas perverti, ingénu, *met-il du mal* à cet acte si naturel de regarder une mère ?

Mais qui donc y en a mis ? Ce n'est point saint Louis de Gonzague, qui « ne détournait pas les yeux de sa maman », comme l'écrit M. Dossemond, mais qui ne la regardait pas, qui ne levait pas les yeux par modestie, par mortification : ce qui n'a jamais voulu dire que « regarder une mère fût un mal ».

Un bambin de *neuf* ans, si précoce soit-il, peut-il distinguer entre le mariage et la virginité ? Quand on fait à Dieu une promesse, encore faut-il savoir ce qu'on promet.

Saint Louis de Gonzague le savait parfaitement, comme d'autres saints, qui, tout jeunes, avaient fait vœu de virginité. Noël Dossemond n'oublie qu'une chose, ce qu'il appelle « la chance », ce que tous les catholiques nomment la *grâce*, avec ses lumières divines rayonnant dans les âmes pures et profondes d'enfants bénis du ciel.

Je rends justice aux jésuites que je connais ; tous sont unanimes à désirer, avec Pie X, une refonte des narrations, trop souvent enfantines, du bréviaire, en particulier à la fête de saint Louis de Gonzague. Et *sainte Rose de Lima*, et *saint Nicolas*, etc.

Voyez ce que c'est que la mauvaise « chance » ! L'auteur de ces lignes connaît des Jésuites par centaine, et il n'en a trouvé aucun, absolument aucun, qui n'ait été scandalisé de l'article de Noël Dossemond sur *saint Louis de Gonzague.*

Il n'y a pas que les Jésuites à s'en indigner : tous les catholiques sincères ont estimé absurde cette conclusion :

Les prêtres, gens sérieux, qui comprennent l'importance de la prière, sont heureux de trouver dans le bréviaire le sublime de la poésie et l'éloquence de l'homélie patristique ; *quand les délivrera-t-on de l'obligation bizarre de débiter,* par devoir, des *contes de fées et des excentricités de brahmanes et d'Aïss-a-ouas ?*

La lutte est inégale. Sous le rapport des meurtrissures volontaires et de l'inertie extatique, la pagode bouddhiste l'emporte sur la chapelle chrétienne.

Voilà donc les légendes du bréviaire, approuvées par l'Eglise depuis plusieurs siècles, et qu'un prêtre ose traiter de *contes de fées et d'excentricités de brahmanes et d'Aïss-a-ouas* », à peine supérieures à ce dont vit « la pagode bouddhiste » !

Il suffit de signaler de pareilles insanités, ajoutait M. Delmont, pour que tout le monde en soit scandalisé. Et voilà le journal qu'on nous accuse d'attaquer, de « combattre pour ne pas le connaître » !

Nous ne le connaissons que trop.

Nous ne savons que trop que trente-cinq grands séminaristes de Saint-Flour y sont abonnés.

Nous ne savons que trop que cela révolte curés, archiprêtres et doyens, qui nous ont chargé de dénoncer et de flétrir ce scandale.

Car, hélas ! les jeunes gens se laissent griser par ces théories, plus ou moins rationalistes, sous prétexte d'être modernes et scientifiques.

***

D'ailleurs, les lauriers du grand « échenilleur » Noël Dossemond devaient empêcher de dormir Tartelin, puisque Tartelin, dans la *Justice sociale* du 16 septembre 1905, s'en prenait au curé d'Ars lui-même.

Oui, au lendemain de la solennelle béatification du Bienheureux Jean-Marie Vianney, le 8 janvier 1905, à Rome ; au lendemain des fêtes splendides célébrées en son honneur à Lyon, Dardilly, Ecully, à Belley, surtout à Ars, où s'étaient rendus dix-huit cardinaux, archevêques et évêques, un millier de prêtres et 20 à 25,000 pèlerins ; au lendemain de la proclamation, par le Pape Pie X, du Bienheureux Curé d'Ars comme Patron de tous les curés de France (1), Tartelin osait écrire :

Je vais débuter par un formidable paradoxe : Le Bienheureux Jean-Baptiste Vianney, curé d'Ars, *a fait beaucoup de mal à l'Eglise de France.*

Ce n'est pas « un formidable paradoxe ».

C'est une formidable insanité.

Pourquoi, en effet, et comment un saint, modèle de toutes les vertus sacerdotales, piété angélique, mortification incroyable, zèle ardent des âmes, charité ingénieuse et inépuisable, aurait-il pu « faire beaucoup de mal à l'Eglise de France ? »

Ecoutez Tartelin :

(1) Voir un article de M. Delmont dans la *Vérité française* du 6 décembre. Il ne nous en voudra pas, si nous usons du droit de le suivre, en le complétant.

D'un fait de sa vie d'étudiant, *on a tiré à temps et surtout à contre-temps, des conclusions déplorables.* Il faillit être refusé à l'examen de l'admission aux ordres majeurs, du moins on délibéra sur son cas ; en un mot, cela n'alla pas tout seul. L'on ne contestait pas sa régularité, sa piété ; chacun se faisait un devoir d'y rendre hommage. Mais il fallait bien reconnaître que, sur le terrain des études, l'abbé Vianney était *plutôt inférieur*, et un instant ses supérieurs hésitèrent.

Et parce qu'il s'est trouvé un Jean-Baptiste Vianney qui était pieux et peu instruit, *on s'est imaginé que la piété suffisait pour être un bon prêtre*, et l'*on* ne s'occupait que peu ou point de l'instruction, ni même de l'intelligence. Tout le monde peut réciter des prières ; mais tout le monde ne peut pas tenir un raisonnement ; et, parfois, trop souvent, l'*on* a sacrifié le raisonnement à la prière.

Admettons un instant comme vrais les faits allégués sans preuve par notre Tartelin de la *Justice sociale* : en quoi prouvent-ils que « le curé d'Ars a fait beaucoup de mal à l'Eglise de France » ?

Si « l'*on* a tiré à temps et à contre-temps surtout, des conclusions déplorables d'un fait de sa vie d'étudiant », est-il responsable, en quoi que ce soit, de ces « conclusions déplorables, tirées à temps et à contre-temps surtout ? » Pas plus que des sottises de Tartelin.

Est-il responsable, en quoi que ce soit, de l'erreur de ceux qui se sont « imaginé que la piété suffisait pour être un bon prêtre », alors que saint Paul demande « la piété avec la science suffisante, *pietas cum suffcentia* », et que le saint Curé d'Ars a travaillé plus de vingt ans, avec l'acharnement le plus méritoire, pour acquérir cette « science suffisante » ? Est-il responsable, en quoi que ce soit, de la conduite de ceux qui auraient « sacrifié le raisonnement à la prière » ? Personne ne fut plus empressé que M. Vianney, dans

son humilité vraiment héroïque, à rendre hommage
à la science, à l'éloquence d'un P. Lacordaire et de
tant d'illustres personnages, qui, mieux inspirés que
Tartelin, ne craignaient pas d'aller à Ars demander
des lumières à ce prêtre soi-disant « inférieur » et
disant de lui-même : « On s'est servi pour former le
curé d'Ars d'une oie, d'une dinde et d'une écrevisse. »

Mais où donc Tartelin a-t-il vu « tirer à temps et à
contre-temps des conclusions déplorables d'un fait de
la vie d'étudiant » de Jean-Marie Vianney ? Où donc,
dans l'Eglise de France, s'est-*on* imaginé que « la piété
suffisait pour être un bon prêtre ? » Il faudrait citer
les endroits, les grands Séminaires où, « parfois, trop
souvent, l'*on* a sacrifié le raisonnement à la prière ».
Une assertion en l'air de Tartelin n'est qu'une assertion
gratuite : *quod gratis asseritur gratis negatur.*

D'autant plus qu'il y a là une injure aux vénérables
Sulpiciens, aux vénérables Lazaristes, qui dirigeaient,
les premiers vingt-quatre, les seconds vingt-deux
grands Séminaires, et aux prêtres séculiers qui, dans
les autres diocèses, étaient choisis parmi les membres les plus éminents du clergé, pour être préposés
à la formation de la jeunesse cléricale. Tout le monde
sait qu'après les premières heures difficiles du commencement du XIXe siècle et du rétablissement de
l'Eglise en France par le Concordat, on a partout fait
des efforts pour élever le niveau des études ecclésiastiques. Ces efforts ont été plus grands que jamais,
précisément depuis la mort du curé d'Ars, sous le
second Empire, avec les Dupanloup, les Pie et les
Darboy, sous la troisième République avec les
Bourret, les Freppel, les Perraud, les Meignan, les
Fuzet, les Le Camus, les Douais, les Latty, les de
Cabrières, les Universités catholiques enfin de Paris,

Lyon, Lille, Angers, Toulouse, qui existent de par la loi du 12 juillet 1875 et ont pour but principal de former d'excellents professeurs, gradés et diplômés, pour les grands Séminaires d'abord et puis pour les petits Séminaires et Collèges libres, où se recrute le clergé. Ce sont là des faits publics, éclatants.

De quel droit donc Tartelin écrit-il :

Confiants *sur* (1) cette prétendue infériorité du curé d'Ars, beaucoup de bons prêtres ont lancé dans le sacerdoce *des enfants* chez qui *l'apparence de piété suppléait à tout*. Et aujourd'hui encore ce système, moins pratiqué cependant, n'est pas tout à fait abandonné. On a vu, on voit des directeurs d'école cléricale redouter comme peste les *examens de fin d'études*, les baccalauréats, licences, etc.

Cette « horreur » des diplômes n'a guère existé que dans l'imagination de Tartelin, et alors même que quelques « bons prêtres » se seraient fait illusion sur « la piété, suppléant à tout », des enfants destinés au sacerdoce, ils n'ont jamais, que je sache, invoqué l'exemple du curé d'Ars, trop extraordinaire et trop miraculeux pour être allégué comme une raison décisive dans l'épreuve ordinaire des vocations sacerdotales.

Tartelin, qui prône la science avec tant de fracas, et en veut terriblement à l'ignorance du clergé, ne fait-il pas lui-même preuve d'ignorance en plus d'un endroit de son article ?

Je suis persuadé pour ma part, dit-il, que le cas du curé d'Ars a été fort exagéré, sinon dénaturé ; qu'il manquât de science, soit ; il avait étudié quelque peu à la diable. Son principal maître avait été le *curé de Dardilly*.

Or, tout le monde sait, excepté M. Tartelin, que c'est le vénérable M. Balley, curé d'*Ecully*, et non pas de Dardilly, qui fut, pendant près de quinze ans, le

(1) *Confiants sur* est d'une correction plus que douteuse.

« principal » et presque « l'unique » maître du Bienheureux Jean-Marie Vianney.

Ce ne sera pas, ajoute Tartelin, *injurier à la mémoire* (faute
de français, si ce n'est pas une coquille) de cet excellent
prêtre, de supposer qu'il n'était pas grand clerc. Au
xviii⁰ siècle, la *science* ecclésiastique habitait peu les presby-
tères de campagne.

D'abord, M. Balley est bien un peu du xix⁰ siècle,
puisqu'il n'est mort qu'en 1818. Et puis, les excellents
travaux de M. l'abbé Sicard sur le *Clergé français avant
1789* pourraient apprendre à M. Tartelin, qui l'ignore,
que, bien des bénéfices et des cures étant donnés au
concours avant la Révolution, le nombre des « curés
de campagne » docteurs en théologie, en droit canon,
au xviii⁰ siècle, était bien plus considérable qu'aujour-
d'hui. Enfin, M. Balley, « excellent prêtre », était
aussi excellent « maître » ; il avait été, avant 1789,
membre de la Congrégation des chanoines de Sainte-
Geneviève et régent au Collège de Senlis. Il eut l'honneur de former, en même temps que le futur curé
d'Ars, le futur évêque de Dubuque, Mgr Loras, « l'apôtre
de l'Ouest », comme on l'appelle aux Etats-Unis.

Tartelin, le redresseur des ignorantins, fait encore
preuve d'ignorance, quand il affirme du curé d'Ars :

Qu'il manquât d'intelligence, c'est ce que n'admettront
jamais ceux qui ont lu *ces délicieux opuscules où la solidité
du fond le dispute au gracieux de la forme*. Quand on pense
et que l'on écrit de cette façon ; quand on est approuvé et
applaudi par un Lacordaire ; quand on groupe autour de sa
chaire un auditoire toujours avide de vous entendre, on ne
peut pas être, on n'est pas un imbécile.

Eh non, certes, le curé d'Ars n'était pas « un imbécile » et, en dehors des lumières surnaturelles qui
éclairaient cette âme sacerdotale, elle avait un bon sens

exquis, une finesse remarquable, une rectitude de jugement très rare. Mais tout de même, « les délicieux opuscules, où la solidité du fond le dispute au gracieux de la forme », ne sont pas du curé d'Ars.

Les *Sermons* seuls lui appartiennent : le reste a été rédigé par M. l'abbé Monnin.

Enfin, le rédacteur de la *Justice sociale* qui a nom Tartelin a manqué une belle occasion de se taire, quand il a dit :

Mais ce qui vaut mieux que le diplôme, c'est *la science elle-même*. Le curé d'Ars dirait aux prêtres d'aujourd'hui que la science est pour eux *une des conditions de la sainteté*. Et, en effet, le prêtre doit suivre son siècle sur le terrain où Dieu conduit le siècle. Il ne sera vraiment le sel de la terre que s'il se mêle à cette terre. Et la science joue, à l'heure actuelle, un rôle prépondérant.

Non, le curé d'Ars ne dirait pas plus aujourd'hui qu'il y a cinquante ans, que « la science est une des conditions de la sainteté » ; que « la science joue un rôle prépondérant ». Ce serait exclure de la « sainteté », accessible à tous dans le sacerdoce comme dans les conditions les plus vulgaires, le curé d'Ars lui-même, s'il revenait au monde, et tous les bons prêtres auxquels leurs facultés ne permettent pas de devenir « des savants ». Il suffit qu'ils aient « cette science des saints, *scientiam sanctorum* », qui ne ressemble en rien à « la science du siècle » et qui la domine de toute la hauteur qui sépare le surnaturel du naturel. Aussi Son Eminence le cardinal archevêque de Paris pouvait-il dire le 21 novembre 1905, en recevant à Saint-Sulpice l'adresse de respectueux dévouement de tout son clergé, à l'occasion de la loi de Séparation de l'Eglise et de l'Etat :

Pour nous aider à traverser ces circonstances difficiles,

nous aurons toujours devant les yeux deux souvenirs de notre passé : celui, d'abord, *du curé d'Ars, qui réussit, par la seule influence de son zèle sacerdotal et de sa piété*, à faire régner l'Evangile dans les âmes qui lui étaient confiées, en nous donnant l'exemple de toutes les vertus sacerdotales ; celui, ensuite, de ces prêtres, nos ancêtres, auxquels vous faisiez allusion, qui, il y a cent ans, surent lutter courageusement, jusqu'à la mort, pour la sainte autorité de l'Eglise (1).

Rien de plus opposé aux théories de M. l'abbé Naudet dans son livre *Vers l'avenir*, p. 68 :

La formation (du clergé) est trop exclusivement cléricale et pas suffisamment *humaine*, parce qu'on habitue trop le jeune homme qui sera prêtre un jour à ne voir dans son ministère que le côté surnaturel, ou, plus exactement, le côté purement religieux.

Et c'est un prêtre qui a écrit ces lignes antisacerdotales !

Voici, d'ailleurs, la réponse opportune et typique que font à la *Justice sociale* les *Annales d'Ars*, décembre 1905. Après avoir rappelé les brochures de Mgr Turinaz : *Les périls de la Foi et de la Discipline dans l'Eglise de France* et *Encore quelques mots sur les périls de la Foi*, elles citent cette lettre d'un « homme compétent, auteur de plusieurs ouvrages de valeur », écrivant de Paris, le 6 novembre, à propos du clergé contemporain, dont il ne méconnaît pas du reste le mérite chez un très grand nombre :

« L'atmosphère révolutionnaire où il vit depuis cent ans l'a profondément pénétré ; il est tout imprégné de ces

(1) Voici ce qu'écrivait, en décembre 1905, un vénérable missionnaire, avec preuves à l'appui, tirées d'exemples de curés pieux et saints :
« Si j'ai indiqué comme remède *presque unique* aux maladies morales et sociales, le suivant : « Il faut des saints, des hommes « de prière, d'humilité, de pénitence ; que l'on nous donne des « curés d'Ars et la France sera sauvée ! » c'est que je crois ce remède, sinon l'unique, au moins le plus efficace.

« principes modernes », c'est-à-dire révolutionnaires, où s'est épanoui le Kantisme et dont les fruits contemporains sont le criticisme et le loisysme. L... s'inspire de l'école de Tubingue de fondation protestante, qui est devenue avec Baur, au XIX⁰ siècle, un atelier de démolition de nos Livres Saints. Mais Baur n'a fait que leur appliquer la méthode du protestant Kant, élève lui-même du protestant Leibniz et du juif Wolf.

« Un professeur de Tubingue, Meyer, un juif ! vient de publier une nouvelle attaque contre nos Livres Saints. L... n'a rien eu de plus pressé que d'en donner la traduction française : voilà comment... etc...

« Et dire que notre clergé français — du moins les dernières couches — va s'abreuver à ces sources empoisonnées, faites des *virus* combinés de Luther, de Rousseau, de Kant et du Talmud !... « Ça fait trembler ! » dirait le Bienheureux... Devenons des saints, prions, soyons *humbles*, *humbles* surtout et Dieu nous fera voir clair, comme il faisait voir clair au Bienheureux Vianney ! Et si nous voyons clair, nous aurons une sainte horreur pour ces doctrines de mensonge et de ténèbres, qui rayonnent de l'Enfer pour nous y ensevelir à notre tour avec les âmes qui nous sont confiées ! Car ce ne sont pas seulement les prêtres qui sont menacés, mais tous les catholiques !... L'œuvre est capitale ; c'est par le prêtre que vit la société chrétienne : si le prêtre périt, la société périt avec lui ; « *si sal...* » Mais aussi il faut que les prêtres qui disposent du « bon sel », c'est-à-dire de la vraie doctrine, le distribuent aux catholiques, déjà à demi empoisonnés, et c'est ce que je tâche de faire ; le libéralisme de P... du S... de la Q... des abbés N. D. (1), et en général des abbés démocrates, ce libéralisme, ce démocratisme, ce criticisme, tout cela se tient, se donne la main, parce que tout cela a une commune origine : l'orgueil, qui veut nous hisser au niveau de Dieu ! Dénonçons cet orgueil, rappelons à tous le grand devoir de l'humilité ; c'est ce que vous faites en présentant aux prêtres le Bienheureux Vianney, type achevé d'humilité, d'oubli de lui-même ; c'est ce que j'essaie de faire en rappelant aux catholiques l'inanité de leurs efforts pour se sauver sans Dieu. »

(1) Il s'agit de *la Quinzaine*, des abbés Naudet et Dabry.

Voilà des paroles d'or, encore qu'elles ne ménagent à personne les amertumes de la vérité. Un prêtre belge placé à la tête d'une œuvre très florissante nous mande en même temps : « Mais ne pourriez-vous pas préciser davantage, signaler ces démocrates, ces américanistes, ces partisans du S. (1) etc.. dont l'influence sur le clergé et les *Séminaires* est si désastreuse ? Comment les jeunes prêtres ne se persuaderaient-ils pas que de nouvelles méthodes sont nécessaires, que les anciennes ne valent plus rien, que le prêtre doit se mêler au peuple et prêcher une doctrine en harmonie avec les besoins du jour, etc., etc , quand ils l'entendent répéter du matin au soir ? Ne faudrait-il pas surtout prémunir *contre la lecture de certains journaux*, de presque tous les journaux, qui font tant de mal au clergé ?... » Dans cette Chronique comme ailleurs, nous avons souvent dit ces choses ; nous les avons diluées pour ne suffoquer aucun de ceux qui pouvaient avoir quelque voile pour ces vents d'erreur. Quoique notre langage essayât d'être sans aigreur, il ne réussit pas toujours à persuader les victimes des « infiltrations ». Un des prêtres les plus éminents et les mieux informés de France nous écrivait naguère à leur propos : « Quelle flamme chez ses adeptes ! On peut dire de leur livre ce qu'on disait de la fontaine antique : *qui bibit inde, furit.* »

Il y a bien là des allusions à la science, mais non pas à « son rôle prépondérant » à l'heure actuelle. J'en suis désolé pour Tartelin, pour la *Justice sociale*, qui, au lieu de démolir les saints, « d'écheniller les dévotions » inoffensives, feraient bien mieux de garder toute leur « indignation » contre les sectaires odieux, qui veulent supprimer, non pas les abus de la dévotion, mais la dévotion elle-même et la religion quinze fois séculaire de notre chère et bien-aimée France.

(1) Du *Sillon*.

V

Erreurs de la « Justice sociale » sur les questions sociales.

Il semble qu'un journal catholique, créé par un prêtre, pour faire pénétrer partout à flots abondants la lumière « sociale », se devrait à lui-même de n'enseigner que la stricte vérité, d'autant plus que le terrain social est glissant et la pente rapide vers le socialisme, le collectivisme, si vivement condamné par Léon XIII, précisément dans cette Encyclique *Rerum novarum*, *sur la Condition des ouvriers*, dont se réclame à chaque instant M. l'abbé Naudet.

***

« *Le premier principe à mettre en relief*, dit Sa Sainteté Léon XIII, *c'est que l'homme doit prendre en patience sa condition;* il est impossible que dans la société civile tout le monde soit élevé au même niveau. Sans doute, c'est là ce que poursuivent les socialistes ; mais contre la nature tous les efforts sont vains.

« L'erreur capitale dans la question présente, c'est de croire que les deux classes soient ennemies nées l'une de l'autre... Dans la société, les deux classes sont destinées à s'unir harmonieusement

« Quelles que soient les vicissitudes par lesquelles les formes du gouvernement sont appelées à passer, il y aura toujours entre les citoyens ces inégalités de conditions sans lesquelles une société ne peut ni exister ni se concevoir (1). »

Eh bien, est-ce que le premier souci de la *Justice sociale* « est de mettre en relief que l'homme *doit prendre en patience sa condition* » et supporter avec résignation « des inégalités » nécessaires à « l'harmonie » sociale ?

Au contraire, la *Justice sociale* a pris à cœur de faire sentir plus vivement ces « inégalités », de les présenter aux travailleurs comme des « injustices » sociales, contre lesquelles il faut protester, sans « patience » ni résignation.

« Nous croyons, disait M. l'abbé Naudet dans la *Justice sociale* du 15 juillet 1893, que le mal présent a sa source dans *une violation constante des lois de la justice.* »

Le 3 mars 1894, M. Naudet écrivait encore dans son journal :

« *L'injustice* est partout : injustice dans les lois ; injustice dans les mœurs ; injustice dans les *conditions même de l'existence* » : ce qui semble aller à l'encontre des paroles mêmes de Léon XIII, citées plus haut.

Quant à la « patience » et à la résignation, voici comment les traite la *Justice sociale* du 15 juillet 1893 :

« Nous n'avons jamais placé notre idéal dans une société qui se contenterait de mettre la *résignation* à la base et la charité au sommet. »

Dans un *Discours* prononcé à Liège et reproduit par le *Bien du peuple*, 4 décembre 1893, M. l'abbé Naudet disait encore : « La *résignation* certes est une très belle vertu ; mais quand on nous dit : Il faut vous résigner, au Ciel vous serez heureux, cela ne suffit pas. »

____

(1) Encyclique *Rerum novarum*.

« Citoyens, citoyennes, disait M. Naudet à Angers et à Lille, en avril 1895, je suis de l'Eglise d'aujourd'hui et non de celle d'il y a cent ans (1) !... Le Paradis, je le veux donner tout de suite en attendant l'autre. »

On ne saurait contredire plus formellement « le premier principe à mettre en relief », d'après Sa Sainteté Léon XIII.

Aussi ne faut-il pas s'étonner outre mesure que M. le Directeur de la *Justice sociale*, parlant à la Guillotière (Lyon), dans une conférence contradictoire, ait mérité que le citoyen Simon, socialiste avancé, lui répondît : « Je félicite le citoyen abbé Naudet d'avoir porté le scalpel dans les chairs vives de la société pourrie et vermoulue du capital et de la propriété. »

***

L'Encyclique *Quod apostolici muneris*, rappelée par le *Motu proprio* de Pie X en 1904, disait :

« Dans la société humaine, selon l'ordre divin, il y a des princes et des sujets, des *patrons* et des *prolétaires*, des riches et des pauvres, des savants et des ignorants, des *nobles* et des *plébéiens* ; unis mutuellement, ils s'entr'aident. »

M. l'abbé Naudet change et bouleverse tout cela : « Marchez donc, disait-il à Liège aux ouvriers, marchez donc, sachant que vous êtes des hommes, que vous êtes *les égaux de tous !* Qu'il n'y a pas de *noblesse supérieure* à la vôtre et que sans vous le monde ne vivrait pas. »

La *Justice sociale* du 2 septembre 1893 parlait dans le même sens : « La vertu d'humilité est très chrétienne,

____

(1) Comme si l'Eglise changeait dans ses principes dogmatiques et moraux !

elle est peu *humaine* (?). N'est-il pas plus pratique, pour produire entre patrons et ouvriers *une certaine égalité*, garantie d'un accord durable, *d'élever les ouvriers au niveau des patrons*, en les faisant grimper sur les épaules les uns des autres, en les groupant en syndicats ? »

En tenant ce langage aux ouvriers, qui n'ont que trop conscience de leurs droits, on obtient de faciles applaudissements ; mais on oublie le devoir essentiel du prêtre, qui est de rappeler, aux pauvres comme aux riches, aux ouvriers comme aux patrons, leurs *obligations* chrétiennes, rigoureuses et absolues. Ainsi que le dit Léon XIII, dans l'*Encyclique* sur *la condition des ouvriers*, si étrangement méconnue : « Et d'abord, *toute l'économie des vérités religieuses* dont l'Eglise est la gardienne et l'interprète, *est de nature à rapprocher et à réconcilier les riches et les pauvres*, en rappelant aux deux classes *leurs devoirs mutuels* et avant tout ceux qui dérivent de la justice.

« C'est pourquoi, si la société humaine doit être guérie, elle ne le sera que par *le retour à la vie et aux institutions chrétiennes.* »

Or, est-ce prêcher « ce retour à la vie et aux institutions chrétiennes », est-ce « rappeler aux riches et aux pauvres leurs devoirs mutuels » que d'écrire dans la *Justice sociale* du 6 février 1904, en gros caractères italiques et tirant l'œil, un article comme celui-ci :

Devoir social. — Actionnaires.

Quels rapports unissent les hommes riches, dont les coupons de rente gisent au fond des coffres-forts, avec les nombreux travailleurs dont le labeur fait la valeur de ces papiers ? Aucun. Ils ne savent même pas où ils sont, ces travailleurs. Et quand une fois l'un d'eux, en un jour de détresse, debout au coin de la rue, les dents claquant de faim, voit passer le millionnaire couché dans sa voiture ; quand il se dit, écoutant la voix de ses amis les socialistes, que c'est de son travail, de ses peines à lui, qu'est faite la richesse fastueuse de cet homme qu'il ne connaît pas, — comment voulez-vous que, dans ses yeux, ne brille pas l'éclair de la haine et de l'envie ?

Si cette « haine » et cette « envie » n'existaient pas déjà dans les cœurs, de telles paroles les y feraient naître. Cet article s'est trompé d'adresse, en paraissant dans la *Justice sociale* : il était fait pour la *Petite République*, l'*Humanité*, l'*Aurore* ou le *Libertaire*.

Est-ce encore l'esprit « chrétien avant tout » qui a dicté cette page de la *Justice sociale*, 21 mai 1904 ?

Devoir social. — Nos chrétiennes.

Si nos chrétiennes, au lieu de se borner à assiéger le confessionnal et l'autel, se montraient chez elles, dans leurs salons, dans leurs rapports avec le monde, les femmes fortes dont parle l'Écriture ; si elles s'unissaient à Dieu du fond de l'âme, au lieu de se dessécher à réciter des formules ; si tous nous passions, à l'exemple de Jésus, en faisant le bien, laissant derrière nous comme un parfum de grâce, comme un sillage de clarté, nous aurions fait davantage pour la conversion de l'univers qu'en égrenant des milliers de rosaires ou en versant des torrents de larmes sur le petit nombre des sectateurs de l'Évangile...

« Nos chrétiennes » peuvent parfaitement « égrener des rosaires » et « assiéger le confessionnal et l'autel », tout en étant « les femmes fortes dont parle l'Écriture ». Il n'y a aucune incompatibilité entre des devoirs qui se complètent mutuellement.

Quant à l'influence sociale des milliers de rosaires « égrenés », Léon XIII y croyait, lui qui n'a pas écrit moins de dix-huit Encycliques sur le Rosaire.

Que dire encore de ces étranges billevesées du docteur Lancry, 3 septembre 1905 ?

Et, si vous voulez juger par comparaison, je vous dirai que

la grande faiblesse de l'*Association de la jeunesse catholique*, c'est d'avoir une méthode essentiellement vicieuse, celle de n'entendre que des conférenciers choisis tous par *un aumônier plus ou moins myope* — intellectuellement et socialement parlant — qui vient donner des idées et des solutions toutes faites, qui vient, passez-moi l'expression, vous *monter des bateaux* superbes, dans lesquels on embarque avec enthousiasme, mais qui ont le défaut de ne pas *aller sur l'eau*, c'est-à-dire de ne pas résister à la moindre discussion ou à la moindre contradiction publique !

Cela va complètement à l'encontre des ordres de Pie X, qui exige que toutes les œuvres catholiques soient dirigées par les évêques et les prêtres en union avec eux.

***

La *Justice sociale*, il est vrai, donne la main aux socialistes pour attaquer la *propriété*.

Léon XIII, dans l'*Encyclique* sur *la condition des ouvriers*, revendique hautement l'inviolabilité du droit de propriété.

« La propriété privée et personnelle est pour l'homme *de droit naturel...*

« Qu'il reste donc bien établi que le premier fondement à poser *pour tous ceux qui veulent sincèrement le bien du peuple*, c'est l'inviolabilité de la propriété privée. »

Eh bien, la *Justice sociale* ne veut « pas sincèrement le bien du peuple », puisque son directeur, M. l'abbé Naudet, écrivait, le 5 mai 1894 :

En fait de propriété, et dans toute l'étendue du terme, *il n'y a pas de droit absolu.*

Qui sait, a dit encore M. Naudet dans l'*Action sociale des catholiques. Études sociales et économiques* du 20 février 1904, qui sait si ce n'est pas précisément sur cette question de la propriété que s'opérera entre les socialistes et les catholiques

6

une réconciliation qui est dans la force des choses, le socialisme n'étant, selon la parole du grand évêque américain, *que l'Evangile aigri*.

Evangile aigri, le socialisme? Le socialisme serait donc la doctrine du Christ, sauf son aigreur, sauf l'acidité qu'une intempestive opposition lui a fait contracter.

Peut-on être davantage aux antipodes des doctrines pontificales, qui condamnent formellement le socialisme? A quoi bon dire alors, en tête de la *Justice sociale*, qu'on « soumettait humblement toutes ses assertions... au jugement et à la sanction... du siège apostolique de Pierre » ?

***

Autre question sociale très importante : l'intervention de l'Etat dans les rapports des patrons et des travailleurs.

Sa Sainteté Léon XIII n'admet cette intervention que dans une mesure nettement définie par son *Encyclique*.

Or, M. l'abbé Naudet disait en août 1893 : « Pour couronner mon programme social, j'appelle hautement et sans crainte l'intervention de l'Etat pour en sanctionner les articles élaborés par la corporation. »

Il disait dans la *Justice sociale* du 4 novembre 1894 :

« L'Etat est mauvais ; *il faut le contraindre* à restaurer le droit du travail, le droit ouvrier. »

Notez qu'il n'y a pas de « droit du travail », et qu'aucune justice n'oblige le patron à faire travailler l'ouvrier.

« Pour assurer à l'ouvrier la protection dont il a besoin, il faut l'organisation corporative, et pour que cette organisation soit efficace, nous la voulons *obligatoire.* »

N'est-ce pas le « socialisme d'Etat » substitué à la liberté, qui doit régir les rapports des ouvriers entre eux et leurs patrons ?

***

On sait que, si la justice est le fondement de la société, *la charité* en est l'âme. Notre-Seigneur est descendu du ciel sur la terre pour nous apporter un « commandement nouveau », non pas : « Soyez justes », mais bien : « Aimez-vous les uns les autres. » La charité est donc la vertu évangélique par excellence.

Mais non pas pour M. l'abbé Naudet, disant à Liège en 1893 :

La charité, elle aussi, est une très belle vertu. Je l'aime de tout mon cœur ; mais cela ne m'empêche pas de penser et de dire *qu'il est déplorable d'être si souvent obligé d'y recourir.*

Que dirait donc notre homme, s'il n'aimait pas la charité de tout son cœur ?

Il dirait ce que voici, dans le *Monde* du 8 décembre 1894, sous la signature de M. l'abbé Naudet:

« Il faut donc chercher à rendre la vie moins dure (au monde ouvrier), non pas, je le répète, *en lui donnant l'aumône qui l'humilie,* mais en ayant recours à la justice qui le grandit (1). »

Voilà ce que la *Justice sociale* répète à satiété, ce que son « patron » formulait encore ainsi au théâtre de Pau, en 1900 :

Nous ne demandons pas, sous prétexte de démocratie, l'abaissement de ceux qui possèdent *(vous faites bien de le*

(1) Voir l'excellente brochure de M. F. Sauty : *Nos Démocrates chrétiens;* Paris, Vic et Amat, 1905.

*dire ; car à vous entendre, on croirait que vous poursuivez
cet abaissement) ;* mais nous ne croyons pas davantage que
la démocratie doive être satisfaite, lorsque sur les épaules
de la pauvresse, la duchesse a jeté une de ses vieilles robes
ou de ses vieux manteaux. De la démocratie, cela ! de l'égalité ! allons donc ! *c'est de l'abaissement.* »

Pardon, un tel langage n'est que de l'orgueil démocratique, absolument contraire à l'Ecriture, qui nous
dit : « Voulez-vous que vos iniquités vous soient par-
données ? Rachetez-les par des aumônes : *Peccata tua
eleemosynis redime.* (Daniel, IV, 24.) « Bienheureux celui
qui est intelligent sur l'indigent et sur le pauvre : *Bea-
tus qui intelligit super egenum et pauperem.* » (Ps. XL, 2.)
« Bienheureux les miséricordieux : *Beati misericordes.* »
S'ils « humiliaient », s'ils « abaissaient » les pauvres,
comment le divin Maître les proclamerait-il bienheureux ? Comment, au dernier jour, ouvrirait-il le ciel
à ceux qui l'auront assisté dans la personne du plus
petit de ses frères, en lui donnant à manger et à boire,
quand il a eu faim, quand il a eu soif ; en le vêtissant,
quand il était nu ; en le visitant, quand il était malade
ou en prison ? Le Sauveur ne se sent pas « humilié »,
« abaissé » par l'aumône ; le pauvre vraiment chrétien
le sera moins encore.

Tant il est vrai, comme l'a dit Sa Sainteté Léon XIII
dans son *Encyclique Graves de communi,* complètement
oubliée par la *Justice sociale,* que « la question sociale
est premièrement une question *morale et religieuse,* et
que, pour cette raison, elle doit être résolue *avant tout,*
par la règle des mœurs et le jugement de la Religion. »

Tel n'est pas l'avis du docteur Lancry, dans la *Justice
sociale* de janvier 1904 :

ENCORE « LA CROIX. » — A propos de jardins ouvriers et de

homestead, il faut que je dise encore un petit mot à *La Croix* et à ses rédacteurs.

L'autre jour j'ai lu un article indigné — (il y a de quoi)— sur le projet Rabier de verser au Bureau de bienfaisance le produit de toutes les quêtes faites dans les églises.

BUREAUX DE BIENFAISANCE, BUREAUX D'INDIGENCE. — Si j'avais été rédacteur à *La Croix*, j'aurais profité de l'occasion pour montrer que l'institution des Bureaux de bienfaisance est une institution chargée de *créer l'indigence* et absolument *incapable de sortir un indigent de l'indigence.*

Prenez une commune quelconque de travailleurs. Créez dans cette commune un bureau de bienfaisance avec cent mille francs de secours annuels : vous transformez immédiatement tous les individus de la commune en mendiants !

Il n'y a actuellement en France aucune œuvre de charité publique, *aucune œuvre de charité privée organisée de telle sorte qu'elle puisse sortir un indigent de l'indigence!* Pour sortir un indigent de l'indigence, il n'y a pas trente-six moyens, il n'y en a qu'un : c'est de lui donner une propriété, un morceau de terre, par exemple XXIV ares !

Voilà, ce me semble, des choses qu'on pourrait dire utilement, quand M. Rabier fait du Bureau de bienfaisance l'idéal des œuvres d'assistance.

De tels paradoxes se passent de commentaire.

Et que dire de l'éloge dithyrambique du drame *Par la Mort* de M. Marc Sangnier ? (*Justice sociale* du 22 juillet 1905, article de M. Dabry.) L'*Univers* lui-même, ami de M. Marc Sangnier, trouve la pièce « *socialement inquiétante* » et reproche à M. Sangnier d'avoir fait de « la revanche un sentiment de haine » et de la révolte d'un fils contre son père, en faveur des ouvriers de celui-ci, un modèle à proposer aux fils d'industriels.

VI

Erreurs de la « Justice sociale » sur les questions historiques et politiques.

C'est à l'Eglise et à son histoire que s'en prennent souvent les rédacteurs de *la Justice Sociale*, pour faire preuve d'un libéralisme de mauvais aloi.

M. l'abbé Dabry écrivait dans *le Peuple Français*, à propos du Congrès de Reims, en 1896 :

Je vois peu de choses dans l'esprit général, dans les habitudes, dans la méthode des catholiques, et même *dans toute l'organisation ecclésiastique française*, qui ne soient marquées du signe de la ruine (1).

L'autel construit dans le style du xvii° siècle est destiné à aller rejoindre le trône.

L'édifice tout entier est à rajeunir et à mettre en harmonie avec les goûts et les besoins des générations qui viennent.

Est-ce ainsi qu'un prêtre parle de l'Eglise, sa mère ? Et n'y a-t-il pas autant de suffisance orgueilleuse que d'impertinente audace à déclarer que « toute l'organisation ecclésiastique française » menace « ruine » et qu'il faut « rajeunir l'édifice tout entier », le Pape lui-même, probablement, puisqu'il en est la clef de voûte ?

Dieu nous préserve de réformateurs, de « rajeunisseurs » comme M. l'abbé Pierre Dabry, ou M. le docteur Lancry !

(1) Mgr Turinaz, on l'a vu, a relevé deux fois ces affirmations, qu'il trouve de « la plus haute gravité ».

Il écrivait, le 7 mai 1904 :

Eglise c France. — Je vous rapportais dans une précédente chronique l'opinion d'un ami qui prétend que l'organisation de l'Eglise de France est, *humainement parlant*, sensiblement de même valeur que *celle de la Chine*. Je ne pensais pas en avoir si tôt et si complètement confirmation.

Le Directeur de *la Justice Sociale* ne disait-il pas, en avril 1900, au théâtre de Pau :

Durant trois siècles, sous les auspices des dynasties et des classes supérieures, l'Eglise et le peuple furent persé-cutés... Or, voici que l'Eglise avec l'aide du peuple, et le peuple avec l'aide de l'Eglise, vont reprendre leur rôle, et puissamment intervenir sur la scène où se joue le drame du destin de l'humanité.

Depuis le XVIe siècle, recueillie, l'Eglise travaillait silen-cieusement à sa réforme intérieure; mais voici qu'elle reprend son œuvre interrompue ;... elle reprend son rôle et, ouvrant l'Evangile (1), et sentant que l'heure est venue *d'en tirer des conséquences jusqu'ici négligées,* elle montre à ses fils que là se trouve le remède au mal social.

« Décidément, disait M. l'abbé Maignen (2), M. l'abbé Naudet, à l'exemple du P. Hecker, en veut obstinément aux *trois derniers siècles de l'Eglise.*

« En revanche, il se montre d'une extrême indul-gence pour le siècle, ce grand siècle qui fascine tous les écrivains et tous les conférenciers du parti. Ce n'est pas un petit contraste que cette sévérité en face de cette indulgence, suivant qu'on considère le xixe siècle comme le troisième de l'Eglise (depuis le Concile de Trente), ou le premier depuis la Révolution.

« Ecoutons M. Naudet :

Jadis, il était de mode d'en parler mal de ce siècle. Et c'était injuste; car notre siècle est un grand siècle chrétien.

(1) Elle ne « l'ouvrait » donc pas « durant trois siècles » ?
(2) *Vérité Française* du 28 avril 1900.

A son aurore, l'Eglise était en ruines et le Saint-Siège abattu... *Le XIXe siècle a rétabli les choses en leur état.* Négligez les détails qui nous arrêtent trop et regardez l'ensemble, vous comprendrez que j'ai raison. *Le XIXe siècle a tiré l'Eglise de la conscience individuelle,* de telle sorte que son intervention dans le domaine public et social n'étonne plus que certains catholiques attardés.

Il a eu trois grands amours, ce siècle : amour de la science, amour de la justice, amour de la liberté ; dans le culte qu'il leur a rendu, souventes fois nous l'avons vu dévier ; mais il n'en est pas moins certain que le progrès est énorme depuis cent ans. La science est plus chrétienne, ou, si l'on veut, les savants sont moins impies qu'il y a cent ans ; la justice est plus éclatante, moins individuelle, plus sociale ; la liberté a fait des conquêtes sur lesquelles on ne reviendra pas.

« On le voit, M. l'abbé Naudet a largement pratiqué le conseil de *négliger les détails.* Il néglige notamment de rappeler à ses auditeurs que, si le XIXe siècle a quelque chose de bon, c'est à l'Eglise qu'il le doit. Il dit même le contraire. Mais il faut se souvenir que l'orateur, l'auditoire, le théâtre, tout enfin est méridional et que, par conséquent, il ne faut pas être trop exigeant sur la valeur des mots.

« Les « catholiques attardés », les « réfractaires » — il y en a même dans le Midi — feraient sans doute observer à M. l'abbé Naudet que si, à l'aurore de ce siècle, « l'Eglise était en ruines et le Saint-Siège abattu », la Révolution avait fait le mal, et qu'elle est en passe de recommencer.

« Mais M. Naudet n'a pas, sur la Révolution, l'opinion qu'un vain peuple pense. Pour lui, la Révolution et le christianisme se confondent :

La Révolution française a commencé une ère nouvelle... D'aucuns disent, et je suis de ceux-là, que son aube s'est levée il y a bien près de deux mille ans.

« Le *Patriote des Pyrénées* ne dit pas si cette phrase

fut « longuement acclamée » ; mais c'est, évidemment, modestie pure.

« Apprenons maintenant ce que c'est que l'Evangile et quelle est la « bonne nouvelle » que le Sauveur des hommes est venu apporter au monde :

Les pauvres sont évangélisés, la bonne nouvelle est annoncée aux malheureux.

Et quelle est-elle, dites, cette bonne nouvelle ? Est-ce à dire que les pauvres ont des devoirs ? Sans doute, elle vient les confirmer ; mais *ces devoirs, les lois pouvaient suffire à les rappeler, comme le gibet à en maintenir le salutaire respect.* Non, *la bonne nouvelle, c'est que les pauvres, les petits, les malheureux ont des droits ;* la bonne nouvelle, c'est qu'on ne leur parle plus seulement d'obéissance, mais aussi de charité, de justice et de liberté, d'égalité et de fraternité.

« Ainsi, l'Incarnation, la Rédemption étaient inutiles pour rappeler aux pauvres — c'est-à-dire à la majorité des hommes, — leurs « devoirs » ; « les lois » et « le gibet » y suffisaient ; mais il fallait que le Fils de Dieu se fît homme pour nous parler, non plus « seulement d'obéissance », mais de la devise maçonnique : liberté, égalité, fraternité ! »

Ces hardiesses ne sont pas les seules, et naguère M. Delmont, dans *la Vérité Française* du 4 octobre 1905, en relevait une de semblable publiée par *la Justice Sociale* du 8 juillet 1905 :

« Quel avantage voyons-nous, écrivait M. l'abbé Naudet dans son premier-Paris, *Opportunité*, à montrer à tous que *l'enseignement public catholique est en retard de plusieurs siècles ;* que notre esprit s'accommode de théories qui *ne peuvent plus s'adapter* à la pensée moderne, au moins telles que les recevait la *mentalité de nos aïeux ?* »

« Ainsi donc, répondait M. Delmont, voilà l'Eglise de France avec ses orateurs et ses évêques, les Frayssinous et les Combalot, les Ravignan et les Lacordaire, les Pie et les Dupanloup, les Bougaud et les Besson, les PP. Félix et Monsabré, au XIXe siècle ; les PP. Bridaine et de Neuville au XVIIIe siècle ; les Bossuet et les Bourdaloue, les Mascaron et les Fléchier, les Fénelon et les Massillon, au XVIIe siècle ; voilà l'Eglise de France tout entière, accusée par un de ses prêtres d'être « *en retard de plusieurs siècles pour son enseignement public !* »

« Assurément, saint Vincent de Paul et le Curé d'Ars n'ont pas « enseigné » publiquement ce qu'enseignait à Grenoble M. l'abbé Naudet et ce qui a provoqué dans cette ville un si triste tapage en mai 1904 (1), ni ce qu'enseignait tel prêtre, publiquement dénoncé par Mgr Turinaz, à Ars, le 3 août 1905, comme disant « qu'il ne se fait pas un seul péché mortel par jour à Paris (?) »

« Mais le Curé d'Ars et saint Vincent de Paul n'en demeurent pas moins l'idéal du prêtre catholique, et tant pis pour « la pensée moderne », si elle ne peut « s'adapter aux théories que recevait la mentalité de nos aïeux ! » Cette « mentalité » est la bonne, et c'est un crime de lèse-patrie que de calomnier notre passé, si religieux et si chrétien.

« D'ailleurs, Sa Sainteté Pie X ne vient-il pas, dans sa dernière *Encyclique*, de recommander instamment l'enseignement du catéchisme « comme remède à tous les maux, qui ne viennent que de l'ignorance des choses divines ? Trop souvent, les discours les plus ornés, qui sont écoutés avec applaudissements par les assemblées les plus nombreuses, ont pour seul résultat de chatouiller les oreilles et n'émeuvent aucunement

---

(1) M. l'abbé Delmont aurait pu ajouter ce qu'il ne savait sans doute pas : qu'il y a quatre ou cinq ans, après un sermon de M. l'abbé Naudet, le curé de la paroisse de Grenoble où avait lieu le sermon obligea M. l'abbé Naudet à remonter en chaire, pour expliquer avec le catéchisme les conditions essentielles du péché mortel.

les cœurs. L'enseignement du catéchisme, au contraire, est toujours utile et fécond. »

« Au risque d'être « en retard de plusieurs siècles », les prêtres de France écouteront le Pape, saint Vincent de Paul et le Curé d'Ars plutôt que M. Naudet « à l'ivresse du verbe » et aux « théories, modernes » peut-être, mais oublieuses du grand axiome de saint Paul : *Nolite conformari huic seculo*. Ne vous conformez pas à l'esprit du monde. »

Qu'a répondu M. Naudet à ces remarques si justes ? Pas un seul mot, en dehors des injures qu'on verra plus loin.

Il faut donc appliquer à M. Naudet, à M. l'abbé Dabry et à tous les prétendus « réformateurs » de l'Eglise, la leçon que la *Civilta cattolica* du 2 décembre donne à M. Fogazzaro, à propos de son livre, *le Saint* :

Ce n'est pas l'Eglise qui a besoin d'être réformée, mais bien la société qui n'écoute plus l'Eglise, renie Dieu, secoue le joug de sa loi, se vautre dans la matière et court à l'anarchie. Ce n'est pas l'Eglise qui doit se conformer à une société de la sorte ; c'est la société qui doit se soumettre à l'Eglise, dépositaire infaillible de la vérité et investie de la mission de la communiquer aux hommes. Quelle ironie d'accuser l'Eglise d'avarice et d'amour de la domination dans le temps que ses droits les plus sacrés sont méconnus de tous les codes, que ses religieux sont dépouillés et dispersés et que la haine des sectaires semble triompher sur ses ruines !

Pour réformer le catholicisme, M. Fogazzaro n'a rien trouvé de mieux qu'un humanisme chrétien, où le libre examen le dispute au rationalisme mystique, le scandale pharisaïque à l'indépendance personnelle, et où le mépris de la tradition se dissimule sous l'ascétisme spasmodique d'un visionnaire. En vérité, ce ne sont là ni les saints dont la société a besoin, ni ceux qui méritent des livres.

****

L'Eglise n'est pas plus ménagée dans l'article du 10 juin 1905 sur *Julien l'Apostat* par Noël Dossemond. Le grand « échenilleur » des dévotions, si terrible pour le Scapulaire, saint Antoine de Padoue, saint Louis de Gonzague, sainte Rose de Lima, saint Nicolas, est d'une douceur toute suave pour le persécuteur « du Galiléen », au point de provoquer des critiques même à *la Justice Sociale* :

Je ne pensais pas discourir si longtemps sur ce personnage ; une réflexion plutôt vive d'un contradicteur, l'abbé Viviant, m'y oblige.

Quelqus-uns, qui voient tout à travers des lunettes spéciales, vont prétendre que je me fais l'apologiste d'un persécuteur. Ce jugement importe peu dans un débat de critique, historique. *(Pardon, il importe beaucoup !)*

Quelques réflexions mettront au point la biographie de l'empereur Julien, qui ne fut ni le grand philosophe que prônent ses *administrateurs* (1), ni le prince très tolérant que nous offrent ses partisans, ni le barbare et *perfide oppresseur des consciences* que se plaisent à dépeindre la plupart des auteurs catholiques.

Comment ! Julien ne fut pas « le perfide oppresseur des consciences » chrétiennes ? Sans parler de son *Livre contre les chrétiens*, plein de sarcasmes et de blasphèmes, si l'on en peut juger par les fragments mutilés qui nous sont parvenus, *la Revue des Deux Mondes* du 1er octobre 1905, article de M. Louis du Sommérard, analysant les trois volumes d'études de M. Paul Allard, 1900-1902, « infiniment laborieuses et consciencieuses », nous dit catégoriquement que Julien « mit ses officiers et ses soldats en demeure de sacrifier ou de démissionner... Les chrétiens avaient pardonné à Néron et à

____
(1) Pour admirateurs, sans doute.

Dioclétien, qui, en brisant leurs os et brûlant leurs corps, leur donnaient la consécration du martyre ; ils ne pardonnèrent pas à Julien, l'insulteur de leur foi, le provocateur de leurs défaillances, celui dont *l'adresse et la séduction* avaient réussi à faire de nombre d'entre eux des apostats et des profanateurs. *Une loi restrictive réglant l'enseignement public, qui dans le monde romain avait toujours été libre,* vint mettre le comble à l'inquiétude et à l'indignation des sectes chrétiennes. L'édit que nous connaissons interdisait l'accès des chaires aux professeurs chrétiens. Y en eut-il un second interdisant aux élèves chrétiens les études supérieures ? La question non résolue historiquement est de peu d'importance... (Julien) établit *la terreur religieuse dans tout l'Orient.* « Persécuteur des chrétiens mais non pas jusqu'au sang », ainsi que l'a dit l'historien Eutrope, *il attentait à la dignité des âmes par des sollicitations et des marchandages ;* il s'efforçait de paralyser l'essor des esprits, d'imposer silence aux voix, d'abattre les ambitions, de refouler dans un néant pire que la mort une religion toute âme et tout prosélytisme. A l'énergie du cri de délivrance et de l'imprécation vengeresse après sa mort, on devine la lourdeur de l'angoisse et les craintes qu'avaient excitées les menaçants débuts de cet empereur de trente ans, destiné peut-être à un long règne. »

Voilà un laïque rétablissant contre un prêtre, hélas ! la vérité sur Julien, « le perfide oppresseur des consciences ».

M. Noël Dossemond va plus loin :

On accole, dit-il, au nom de Julien le titre d'apostat. Pour être apostat, il faut avoir, au moins un instant, été chrétien de cœur, de volonté. Julien le fut-il jamais ? Tout acte *libre* de sa part a été anticatholique ; ce n'est pas sans contrainte cachée qu'il a rempli l'office de lecteur dans un culte qu'il abhorrait.

C'est encore *la Revue des Deux Mondes* qui oppose à « l'échenilleur » un démenti catégorique. Julien, fils de Jules Constance et de Basilina, tous deux chrétiens, fut baptisé comme eux, et si son premier maître Mardonius était un dévot d'Homère et d'Hésiode, « saint Grégoire de Nazianze nous dit « que (Julien) et Gallus (son frère) reçurent à Macellum (domaine impérial en Cappadoce) les leçons de maîtres des lettres humaines et de docteurs des Ecritures sacrées ». On poussa même si loin cette seconde éducation religieuse que *tous deux furent*, paraît-il, *inscrits dans le clergé*, et chargés de lire au peuple les livres ecclésiastiques. L'ordre des lecteurs comprenait alors de tout jeunes gens ; c'était, dans la hiérarchie cléricale, un des degrés inférieurs. » Julien faisait donc acte *libre*, et il faut dire de lui que le « lecteur » de Macellum fut ou le pire des Tartuffes, ou plus tard un « apostat », comme feu Renan ou M. Combes.

N'est-il pas vraiment étrange qu'un prêtre refuse au catholicisme du iv⁰ siècle, après le Concile de Nicée, « l'évidence » suffisante pour s'imposer à un esprit distingué, comme celui de Julien ? M. Noël Dossemond écrit pourtant :

De plus, le christianisme que le philosophe Maxime, conseiller préféré de Julien, s'efforçait de combattre et de dénigrer, était loin de s'imposer *par son évidence* aux esprits déjà mal disposés. *(Alors, c'est leur faute !)* Julien assistait aux luttes et controverses haineuses entre confessions chrétiennes ; on se battait pour la possession des églises. Même des conciles d'évêques étaient les uns pour l'arianisme, d'autres contre cette hérésie. Quel effet heureux ces rivalités confessionnelles, à propos du Verbe consubstantiel, pouvaient-elles produire sur les intelligences hésitantes, sur des esprits inquiets qui confondaient sous la domination (1) de chrétiens les orthodoxes et les hérétiques? Pouvait-on demander à Julien *(oui, comme à tous les catholiques)*, de démêler le vrai à travers les discussions subtiles et acharnées, portant sur les deux natures et la divinité du Saint-Esprit ?

L'Eglise et son infaillible autorité touchaient tous ces débats.

Mais où M. Noël Dossemond laisse le mieux voir le bout de l'oreille, ç'est dans ces lignes de la conclusion de son article :

En résumé, celui qui, voulant porter un jugement équitable sur Julien l'apostat et les autres ennemis de l'Eglise, s'en rapporterait aux seuls écrivains chrétiens, celui-là risquerait d'être aussi bien renseigné qu'un Français qui, dans six siècles, consulterait nos livres et nos journaux de 1880 à 1904 sur les hommes au pouvoir. Il y verrait que Loubet est un vendu, que Ribot, Méline sont des traîtres ou des incapables, Briand un infâme sectaire.

Eh quoi ! les « écrivains chrétiens » ne peuvent donc plus « juger équitablement » leurs « persécuteurs » ! Les victimes n'ont pas qualité pour savoir ce qu'ont fait leurs bourreaux ! « Dans six siècles », tout comme aujourd'hui, « nos livres et nos journaux » feront foi que « Loubet » a été le sauveteur illégal des 104 chéquards du Panama, le « flétri » des 375 votants de l'ordre du jour Viviani, le signataire odieux des lois scélérates du 1ᵉʳ juillet 1901, du 7 juillet 1904, et de toutes les autres qui ont chassé le Christ de l'armée, de la marine, de nos prétoires (2). « Dans six siècles », tout comme aujourd'hui, « nos livres et nos journaux »

______

(1) Pour *dénomination*, sans doute.

(2) « Quant à M. Loubet, leur patron à tous trois (Waldeck-Rousseau, Combes, Rouvier), il ressuscite Pilate, signe les arrêts de mort et s'en lave les mains... Son septennat se résume en trois mots : proscription, spoliation, persécution. » (*Discours* prononcé par M. Piou au banquet de l'Action libérale populaire, le 17 décembre 1905.)

feront foi que « Méline », ancien président de la Ligue maçonnique de l'enseignement, et « Ribot »; ont voté les lois de 1882, 1884, 1886, 1889, 1893, sur les écoles sans Dieu, le divorce, la loi militaire, les fabriques, et que, « traîtres » à la Patrie chrétienne, ils ont déchaîné toutes les passions anticléricales, qu'ils sont maintenant « incapables » d'arrêter; que M. Briand, enfin, est un « sectaire », non pas infâme, mais hypocrite et perfide, ce qui est pire, et que son *Rapport sur la séparation des Eglises et de l'Etat*, où l'on a relevé 166 erreurs historiques, est un tissu de mensonges « infâmes » contre l'Eglise du Christ.

***

Après Julien l'Apostat, c'est *Voltaire,* dont M. Noël Dossemond entreprend la défense, d'abord à propos du mot célèbre : « Mentez, mentez toujours ; il en restera quelque chose, » mot qui serait insignifiant, inoffensif, comme si, d'après M. Faguet, qu'a oublié de lire M. Dossemond, lui qui a lu toute la *Correspondance* de Voltaire, « Voltaire n'avait pas écrit à Thieriot en octobre 1736 : « Le mensonge n'est un vice que quand il fait du mal. C'est une très grande vertu, quand il fait du bien ! » Comme si Voltaire ne « mentait pas comme l'eau coule ! Il est menteur à ce point que la notion du mensonge lui est étrangère. » *(Dix-huitième siècle).* — Et maintenant, voici le blasphème « *Ecrasons l'infâme* » étrangement interprété :

Prenez toutes les lettres de Voltaire, dans aucune, malgré les prédicateurs, le blasphème « écrasons l'infâme » ne s'applique à Jésus-Christ, au christianisme, ni même strictement à l'*Eglise doctrinale*, mais à l'Eglise (qu'il confond avec les hommes) en tant que persécutrice et intransigeante. C'est ce qui apparaît partout où il exprime sa pensée. Si un passage m'a échappé, j'en fais d'avance amende honorable ; mais je ne crois pas m'égarer en généralisant mon affirmation.

En terminant, je regarde comme utile, d'avance, de présenter ma défense. Si ce présent numéro de la *Justice Sociale* tombe entre les mains *d'un abbé peu pacifique, s'emballant par irréflexion et défaut d'étude,* sur des impressions premières, j'entends d'ici l'algarade que devra subir notre abonné. Elle est jolie votre *Justice Sociale,* c'est du propre. Aujourd'hui elle approuve Voltaire et défend Julien l'apostat. A quand l'éloge de Pilate et de Judas ?...

Eh bien, dussé-je passer pour « un abbé peu pacifique, s'emballant... par défaut d'étude », l'étude des *Lettres* de Voltaire m'apprend que le blasphème « Ecrasons l'infâme » est pour la première fois sous la plume de Frédéric II, en 1759, et qu'il s'attaque bel et bien à l'Eglise catholique, apostolique et romaine, objet de la haine et de l'horreur de l'impiété de Frédéric, comme de celle de Voltaire. En faisant de ce mot sa signature habituelle, Voltaire vise l'Epouse immaculée du Christ, qui « l'a achetée au prix de son sang », et c'est une honte de voir un prêtre essayer à tort d'atténuer cette infamie !

Qu'importe à M. Noël Dossemond ? Le 26 août 1905, *dans la Justice sociale,* il profite de ce qu'il veut bien appeler tout de même « la méchante manifestation » du 3 septembre, l'érection d'une statue au chevalier de La Barre « vis-à-vis de Montmartre » — c'est le titre de l'article, — pour dauber outrageusement l'Eglise du passé et excuser un voltairien impénitent.

Le personnage, dit-il, sera représenté, en bas de sa potence, avec ces mots : *Supplicié pour n'avoir pas salué une procession.* Le fait, quoique un peu dénaturé, est malheureusement très authentique. De La Barre fut cruellement mis à mort pour avoir *bravé,* en effet, *un cortège religieux.*

Erreur, M. Dossemond, erreur ! *La Relation de la mort du chevalier de La Barre par M. Cassen* (Voltaire), 1766, et le *Linguet* de M. Cruppi, 1895, établissent, comme le prouve le P. Bliard dans les *Etudes* du 20 août 1905, que vous auriez bien fait de lire avant d'écrire votre article, que « la procédure, ni la sentence, ni l'arrêt n'ont fait aucune mention de l'audace sacrilège avec laquelle on avait mutilé un crucifix » (Voltaire à Florian, 28 juillet 1766), et que La Barre fut condamné uniquement « *pour avoir chanté des chansons abominables et exécrables contre la Vierge Marie, les saints et les saintes.* » *(Relation)*

Continuons de lire M. Dossemond, si mal informé :

Malgré les protestations de l'abbesse, de l'avocat, même d'un dominicain, le prisonnier fut exécuté.

Avant son affreux supplice, on lui demanda *de se réconcilier avec le Dieu de ses juges. Il refusa. Je suis tenté de l'excuser.* Comment pouvait-il croire à la divinité d'une religion pareille ? Comment reconnaître le noble visage de l'*Eglise du Christ* sous le masque dont l'intolérance du temps l'affublait ?

Qu'est-ce que « l'Eglise du Christ » peut bien avoir à faire dans une exécution dont Voltaire dit à Condorcet, 23 novembre 1774 : « Plus j'ai examiné ce que je sais de l'affaire et plus il m'est évident qu'il *n'y a de crimes que dans les juges.* — En France, il n'y a *point de loi expresse qui condamne à mort* pour des blasphèmes... *(Relation)*. Les cheveux dresseraient à la tête, si vous saviez tous les ressorts qu'un vieux scélérat a fait jouer. » (Il s'agit de Belleval, éconduit par la tante du chevalier de La Barre, l'abbesse Feydeau de Brou).

Est-ce que les juges d'Abbeville et de Paris, en 1766, étaient l'Eglise ? Fougueux « jansénistes », ils venaient de condamner les jésuites, « poursuivaient sans relâche l'archevêque de Paris, et vivaient en rébellion ouverte contre Rome » : ils n'engageaient pas plus l'Eglise dans leur responsabilité criminelle qu'un fils révolté contre sa mère n'engage celle-ci par ses écarts.

L'Eglise était représentée par l'évêque d'Amiens, qui « suppliait » par une lettre le président du tribunal de « se contenter d'un enfermement » ; par le Nonce, qui « dit publiquement, d'après Voltaire *(Relation)*, que (de La Barre) n'aurait point été traité ainsi à Rome, et que, s'il avait avoué ses fautes à l'Inquisition d'Espagne et de Portugal, il n'eût été condamné qu'à une pénitence de quelques années » ; enfin par le P. Bosquier, cet excellent dominicain, qui souffrait presque autant que de La Barre lui-même, qu'il assistait dans son supplice.

Le chevalier est donc « inexcusable » d'avoir persisté dans son impiété sacrilège, comme M. Dossemond est inexcusable, lui, d'insulter « certains catholiques *au tempérament dahoméen, prêtres et fidèles* », qui, « s'ils gouvernaient le pays », feraient revivre les auto-da-fé. De quel droit « l'échenilleur », si plein de pitié pour les impies, se montre-t-il d'une rudesse calomnieuse pour ses frères « les catholiques, prêtres et fidèles », dont aucun ne veut « le brûler » ? Qu'il renonce donc à cette hantise malfaisante.

*_**

Voici encore l'histoire religieuse et contemporaine, saccagée par M. l'abbé Dabry, dont les idées sont pires que celles d'un « primaire ». — Le 18 février 1905, il répond à la *Croix*, qui disait simplement que, « depuis vingt ans, le mouvement « catholique social » s'est ralenti, et mieux vaut loyalement le reconnaître. Il

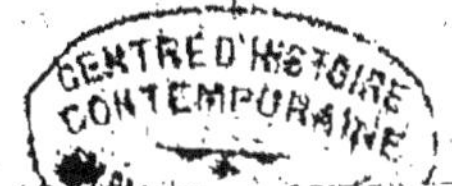

serait bien délicat d'en rechercher les causes : l'une des plus certaines est la constante agression de l'anti-cléricalisme gouvernemental, dont les tracasseries, puis les persécutions ont réduit malheureusement les catholiques à une action purement défensive. »

Pardon ! réplique M. Dabry, depuis l'époque où M. Jaurès siégeait au centre jusqu'au moment où la persécution a recommencé, il s'est écoulé une quinzaine d'années, pendant lesquelles le *gouvernement républicain, loin de se montrer hostile aux catholiques, s'est montré bienveillant et conciliateur.* C'était l'époque des ministères Freycinet, Dupuy, Casimir Périer, Méline, où les nobles et généreuses conceptions politiques d'un Spuller gagnaient jusqu'aux rangs radicaux eux-mêmes.

Or, à cette époque, non seulement le mouvement social catholique ne s'est pas ralenti, mais il a atteint son maximum d'intensité et de puissance.

Eh quoi ! alors que le gouvernement républicain faisait voter et appliquait les lois scolaires, les « lois scélérates » de 1882 et de 1886, la loi du divorce de 1884, la loi militaire de 1889, la loi des fabriques de 1893, la loi d'accroissement ou d'abonnement de 1884-1894, alors que M. Méline se vantait, du haut de la tribune, d'avoir fait plus de laïcisations que le radical M. Bourgeois, douze au lieu de sept par mois, alors que, de 1881 à 1898, les traitements des évêques étaient supprimés et volés par dizaine, les traitements des curés supprimés et volés par centaine et par millier, le gouvernement républicain, *« loin de se montrer hostile aux catholiques, se montrait bienveillant et conciliateur ! »* Et c'est un prêtre qui écrit ces choses, un prêtre qui n'a pas entendu le bruit douloureux des crucifix, décrochés de nos écoles et jetés dans les tombereaux de Hérold, préfet de la Seine, et de tant d'autres sacri-lèges profanateurs !

***

Après l'Eglise, calomniée par les historiens improvisés de la *Justice sociale*, voici *les Ecoles libres*, auxquelles s'en prend la *Justice sociale*. — Déjà, en 1904, nos 575, 576, elle avait dit : « Je laïciserais mes frères, pas mes sœurs, et je ferais de ces dernières des sœurs visiteuses. » — Elle avait imprimé, nº 579, cette phrase stupéfiante : « Les instituteurs laïques ne sont pas encore sans défauts. » « *Encore* » est charmant, au moment où ils deviennent tous sectaires et la plupart socialistes, hervéistes, antipatriotes !

Comment expliquer qu'un prêtre, l'abbé J. R., écrive ce que voici dans la *Justice sociale* du 19 décembre 1904, sous le titre *Nos Ecoles* :

La liberté d'enseignement a vécu. Encore quelques jours, dit-on, et nous aurons le monopole d'Etat. A entendre tous les journaux conservateurs, c'est un malheur irréparable.

Toute perte de liberté est un malheur ; mais on trouve de très *bons enfants qui ne croient pas ce malheur tellement grand qu'on se plaît à nous le dire.* Cette magnifique floraison des œuvres catholiques dont on a fatigué nos oreilles, tant on l'a répété sur tous les tons, leur semble-t-il, n'a été *qu'un palliatif, qu'un voile pour couvrir notre inaction.*

Y a-t-il eu un siècle où les catholiques aient autant bâti ? Jusque dans de tout petits villages, vous trouverez une école élevée à nos frais, entretenue par nos souscriptions. Eglises, couvents, hôpitaux, ont couvert le sol de la patrie. Qui a payé ? les catholiques. Qui nous a encouragés ? nos adversaires. (*Etrange paradoxe !*)

L'école a été le *miroir fascinateur* dont ils se sont servis, pour nous empêcher de nous occuper de la classe ouvrière et des autres questions capitales qui agitent le monde. Les catholiques tièdes, ceux qui auraient eu honte de rester complètement dans l'inaction, ont bâti des écoles.

Comme si ce n'était pas, au contraire, les catholiques

les plus ardents et les plus généreux à qui revient tout l'honneur de cette œuvre capitale, essentielle!

M. Jean Doudet écrivait, le 6 mai 1905, dans un article qui a paru sous titre « *la maladie de la pierre* » :

Je scandaliserai peut-être plus d'une bonne âme, en lui demandant à quoi bon se donner tant de mal, même pour cette liberté... (de l'enseignement chrétien) !

C'est pourtant ce que j'ose constater, et à l'encontre de tant d'autres, je me demande, je vous demande, amis lecteurs, jusqu'à quel point il faut admettre ce principe, qui n'en serait plus, alors, pour moi, et en tous cas, que penser de *l'opportunité* de notre action sur ce point ?...

Il y a une « opportunité » tout autre, qui échappe complètement à M. Jean Doudet, celle de ne pas « scandaliser les bonnes âmes » et de ne pas contredire les enseignements de l'Eglise sur les écoles libres, à propos desquelles le cardinal Richard disait un jour : « Il s'agit de savoir si la France restera chrétienne ou cessera de l'être. »

M. Jean Doudet n'a pas ce grave souci, et, après avoir essayé de faire voir « premièrement, qu'une chose, si utile soit-elle, n'est pas *nécessaire*, quand on peut normalement s'en passer ;... et deuxièmement, qu'il n'est ni politique, ni opportun de s'obstiner et de s'épuiser sur un point où il n'est pas nécessaire de se maintenir et d'où il est probable qu'on sera délogé », il ne craint pas d'ajouter :

« *N'a-t-on pas eu tort*, je ne dis pas seulement de faire deux camps, mais encore et surtout d'en accentuer si nettement *la division* et de creuser de plus en plus profond le fossé qui sépare l'école libre de la « laïque » ?

« N'était-ce pas *obliger* l'instituteur à se jeter dans l'opposition et à se laïciser de plus en plus, sous peine d'être mal vu, peut-être même renvoyé en disgrâce ? »

Voyez un peu l'audace de M. Jean Doudet. D'après lui, « le tort » n'est pas à « la loi scélérate » de 1882, complétée par la « loi de malheur » de 1886, et aux politiciens sectaires qui ont coupé la France en « deux camps »; « le tort » n'est pas aux « instituteurs », devenus des « anticurés », des socialistes, des partisans acharnés de MM. Hervé et Thalamas (M. Bocquillon en compte 80,000 sur 100 à 120,000 (1), dans son livre courageux *La Crise du Patriotisme à l'école*). Non : « le tort » est aux bâtisseurs d'écoles libres, qui ont « *obligé* les instituteurs à se jeter dans l'opposition » !

On n'a pas l'idée d'une pareille inconscience dans l'injustice criante.

Et M. Doudet « sait bon nombre de curés » auxquels il fait l'injure de croire « qu'*obligés par situation* (2), de soutenir l'école congréganiste, ils ont eu *à déplorer amèrement* qu'une cause comme celle de l'enseignement libre fût parfois si mal servie par ses représentants dans leurs paroisses ».

Et voilà notre Doudet qui gratifie Frères et Sœurs, proscrits et proscrites, de « défauts antisociaux » (!) suscitant de graves difficultés, « aggravées par la concurrence des deux écoles » : comme si cette « concurrence » et ces « difficultés » n'étaient pas uniquement le fait d'une loi abominable, foulant aux pieds les droits sacrés des pères et des mères de famille chrétiens !

Mais M. Jean Doudet ne s'arrête pas en si joli chemin et il ajoute ces choses stupéfiantes :

---

(1) *La Revue de l'enseignement primaire* disait en 1904, après l'interpellation Grosjean sur l'*Histoire* d'Hervé : « Nous sommes quelque 30,000 instituteurs socialistes en France... Dans quelques années,... il y aura 80,000 éducateurs socialistes. »

(2) Ils l'étaient avant tout par l'Eglise et par le besoin de garder ses droits imprescriptibles.

Si donc, au lieu de vouloir, *envers et contre tous,* — (Oui, contre le Gouvernement sectaire, mais non pas contre le Pape et les évêques, qui encouragent et bénissent ces écoles, l'œuvre des œuvres à l'heure actuelle) — bâtir des écoles libres qui ne vivaient la plupart du temps que de charité et qui nous ont coûté les yeux de la tête, on s'était appliqué à *maintenir la neutralité de l'enseignement,* tout en se réservant d'exercer une action religieuse en dehors de l'école — et il y a des moments libres, j'imagine, — n'aurait-on pas été mieux inspiré ?

Parce que enfin, même dans l'hypothèse de l'école congréganiste, le devoir n'en incombe pas moins, toujours grave et sacré, aux parents d'enseigner le catéchisme à leurs enfants. D'autant mieux que le curé est là pour continuer et compléter cette éducation religieuse, et que, s'il est bien plus commode de faire apprendre le catéchisme chez les bons frères ou les bonnes sœurs, il ne s'ensuit pas pour cela que ce soit vraiment de leur ressort et compétence. Ils ne seront jamais que des auxiliaires.

Mais, du moment que cette collaboration n'est pas nécessaire, pourquoi déserter une école sous prétexte qu'elle devrait ou pourrait la fournir et qu'elle ne la donne pas ?...

Pourquoi ne s'être pas contenté *d'exiger la neutralité,* d'autant mieux que bon nombre d'instituteurs et d'institutrices laïques — auxquels on a vraiment trop jeté la pierre — n'auraient pas mieux demandé que de n'être pas des sectaires, si on n'avait pas voulu, à toute force, en faire des catéchistes ?

D'abord, Jules Simon, Henry Maret, Buisson lui-même ont reconnu que « la neutralité » était absolument impossible et qu'on ne saurait être neutre entre Dieu et le mal. — De plus, les faits les plus tristement éclatants montrent que la prétendue « neutralité » scolaire, c'est l'anticléricalisme et l'athéisme, le socialisme et l'antipatriotisme. « *L'école laïque,* écrivait naguère un inspecteur primaire dans une circulaire, *est un lieu où on jette un fils de chrétien pour le transformer.* » — Enfin, « la neutralité scolaire » a été condamnée maintes fois par Pie IX, par Léon XIII, aux Etats-Unis et au Manitoba, où, cependant, elle n'était pas sectaire comme en France : « Celui qui n'est pas avec moi est contre moi », dit le Sauveur dans l'Evangile.

Mais l'Evangile, M Doudet n'en a cure : il ne veut pas froisser ces bons instituteurs par une concurrence inutile ou à peu près.

Et les fruits de l'école libre, dit-il, ne sont, d'ailleurs, pas si merveilleux, pour qu'on n'ait que des compliments à se faire !

Ce que veut la *Justice sociale*, c'est favoriser la *presse :* Autant vaudrait dire : « Au lieu de bâtir des écoles libres, prenez mon ours. »

Le plus grand malheur, c'est que de telles théories ont des adeptes, et l'on me signale un article de la *Croix du Cantal*, fin août 1905, où M. l'abbé Lissorgues, sans le dire, emboîte le pas à M. Doudet et écrit tranquillement :

Il ne manque pas d'*esprits éclairés* pour affirmer que nous avions *mieux encore à faire* que de bâtir des groupes scolaires. Ceux-là disent que le résultat ne fut jamais en proportion de la dépense. *Voilà de longues années que la France a pu s'instruire dans nos écoles* (1) : il n'y paraît guère à voir l'affaissement des caractères et l'immoralité croissante. Qu'est-ce à dire, sinon qu'à l'influence salutaire de l'école s'opposent de perverses et puissantes énergies ? Il est utile de dire cela, à l'heure où quelques-uns pourraient se désespérer de tant d'écoles fermées.

Ce n'est pas surtout à l'école que se fabriquent les hommes.

On comprend mieux, depuis peu d'années d'ailleurs, que la *presse est la première éducatrice du peuple.* Un des prêtres

---

(1) M. Lissorgues doit rêver en écrivant de pareilles choses. Il oublie que, depuis 25 ans, « la France s'instruit dans les écoles » officielles, qui ne sont rien moins que « nos écoles ». Et puis, « nos écoles » libres n'ont eu jamais que le quart des enfants, 1,500,000 sur 6 millions qui fréquentent les écoles primaires.

les plus éminents de ce diocèse (1) nous disait hier : « Que n'ai-je consacré aux bons journaux les milliers de francs que mes écoles m'ont coûté ! »

Mais où donc trouverez-vous des lecteurs pour la bonne presse, si l'école libre et chrétienne ne vous les fournit pas ? Aussi Mgr Gouthe-Soulard ne craignait-il point de dire : « Entre une école et une église à bâtir, je n'hésite pas : je commence par l'école ; car à quoi me servirait l'église, si l'école ne formait pas des fidèles pour la remplir ? »

Les catholiques belges l'ont admirablement compris, et voilà pourquoi, de 1879 à 1884, pour lutter contre « la loi de malheur », semblable à nos lois de 1882 et 1886, ils ont fait *cinq fois, six fois* plus de sacrifices que nous, Français, étant donnée la population de la France et de la Belgique. Voici ce qu'écrivait le P. Prélot, dans les *Etudes* du 6 septembre 1905 :

En 1879, la Belgique catholique estima même que ce n'était point assez que le ministre du culte vînt enseigner la religion, en dehors des heures de classe, dans un des locaux de l'école. Elle voulut des écoles vraiment chrétiennes, où l'instituteur pût mêler couramment les notions religieuses au reste de son enseignement, prononcer le nom de Dieu et trouver dans l'autorité de ce nom sacré la base et la sanction du devoir.

Les évêques, réunis à Malines, condamnèrent par deux lettres collectives le nouveau système scolaire « *comme pervers, impie, contraire aux lois divines* » (2), et ils concertèrent les mesures canoniques à prendre contre ceux qui l'appliqueraient : l'absolution serait refusée aux élèves et aux professeurs des écoles normales, aux instituteurs primaires, aux parents qui laisseraient leurs enfants fréquenter des écoles « où l'on ne peut empêcher la perte des âmes »,

(1) Quel est le « prêtre éminent » du Cantal qui a eu le tort de tenir un langage si peu sacerdotal ?

(2) Voilà nettement caractérisée « la neutralité scolaire », si chère à M. Doudet.

Les curés devaient travailler à fonder des écoles catholiques (1).

Le gouvernement belge n'a pas de prise directe sur les évêques, dont la nomination est dévolue exclusivement à Rome et qui sont maîtres dans leur diocèse. Il s'adressa au nouveau Pape Léon XIII. Le Pontife fit déclarer au représentant de la Belgique à Rome qu'il ne pouvait désapprouver la conduite des évêques, mais qu'il leur recommandait le calme et la modération. Frère-Orban voulut y voir un blâme à l'adresse de l'épiscopat, ce qui obligea le Pape à faire savoir aux évêques *qu'il était d'accord avec eux.* Alors Frère-Orban rompt avec Rome, en l'accusant de mensonge ; l'ambassadeur belge auprès du Vatican est rappelé ; le Nonce quitte Bruxelles (juin 1880).

La lutte devient acharnée entre le gouvernement et l'Eglise. De tous côtés, l'école catholique se construit ; elle est bâtie, payée, encombrée d'élèves en moins de temps que les administrations officielles n'en mettent à faire dresser des plans et inscrire des crédits au budget : 2,064 établissements fondés en un an, après le vote de la loi, 3,885 existants en 1884, témoignent de l'émotion unanime et généreuse qui s'est emparée du pays. Les dons affluent : on offre de l'argent, des terrains, des maisons, des objets de mobilier scolaire. 20 à 25 millions, voilà le capital que l'on engage dans ces créations nouvelles.

En présence de tant d'efforts et de succès, les auteurs de la loi de 1879 ne se tiennent pas pour vaincus. Plus les écoles officielles deviennent désertes, plus ils imposent de charges aux communes et prodiguent les deniers de l'Etat pour les soutenir et les multiplier. Le total du budget de l'instruction publique, en même temps que sa clientèle diminue de plus de moitié, passe de 11 millions, chiffre de 1878, à 22 millions, chiffre de 1884. A ce beau zèle s'ajoutent les mesures de rigueur : le traitement des vicaires employés comme instituteurs catholiques est supprimé ; le privilège des séminaristes en matière militaire est aboli ; on cherche le moyen d'entraver l'accroissement des ordres religieux. Rien n'y fait ; dès l'année 1881, on comptait dans les écoles

(1) C'est donc un devoir, non pas de « situation », mais de conscience sacerdotale et catholique, de « fonder des écoles catholiques », en France comme en Belgique.

privées 63 0/0 de la population scolaire totale ; en Flandre-Orientale, 81 0/0 ; en Flandre-Occidentale, 83 0/0.

Cet état de choses ne pouvait durer ; il se termina par le soulèvement à peu près général des communes et la chute du gouvernement.

Les élections de 1884 donnèrent aux catholiques, dans la Chambre des représentants, une majorité bien supérieure à celle qui avait soutenu le ministère de 1879. Peu de jours après, le ministère Malou était formé, et le chef éminent des conservateurs belges réunissait autour de lui des amis dignes de le seconder, les Wœste, les Jacobs, les Bernaert. Le premier soin du nouveau cabinet fut de défaire l'œuvre du parti libéral et progressiste. Les relations diplomatiques avec Rome sont rétablies. L'instruction publique est ratta-chée au ministère de l'intérieur, comme avant 1878. Enfin, on procède à l'élaboration d'une nouvelle loi scolaire. La loi scolaire de 1884 se caractérise d'un mot : *reconnaissance de la liberté des communes, constituées les représentants des vœux des pères de famille.*

Voilà le vrai remède, le seul remède au mal immense dont souffre la France chrétienne, à laquelle des « lois scélérates » volent l'âme, la chère et belle âme de ses enfants.

*
* *

Ce ne sont pas seulement les écoles primaires, libres et chrétiennes, que trouve inutiles et compromettantes la *Justice sociale* : ce sont aussi les Universités catho-liques, réclamées avec tant d'instances pendant trois quarts de siècle, conquises par Mgr Dupanloup à l'Assemblée nationale, le 12 juillet 1875, bénies par Pie IX, Léon XIII et Pie X, et soutenues par tous les catholiques sincères, au prix des plus généreux sacri-fices. D'après le docteur Lancry, *Justice sociale* de 1904, n° 558, « mieux vaudrait des académies théolo-giques, philosophiques, littéraires, juridiques, scienti-fiques ». — Mais ces académies n'enseigneraient pas, et le docteur Lancry ne veut rien moins que la suppression de la liberté de l'enseignement supérieur, comme si nous avions déjà trop de libertés !

De plus, écoutez ce que dit la *Justice sociale* du 2 septembre 1905, à propos de l'Université catholique de Lille, qui, en janvier 1905, nommait Mgr Delassus docteur honoraire de la Faculté de Théologie :

Plusieurs de mes articles eurent les honneurs d'un éreintement en forme dans la *Vérité*, et dans la *Semaine* de l'émérite D\r Delassus (heureuse Université de Lille, quel joyau tu possèdes !).

Ailleurs, il appelle « petite coterie » la Faculté de théologie de cette ville, fabrique à « bonnet doctoral pour une paire d'oreilles d'âne ». Il prétend aussi que, « dans les Facultés de théologie, il est interdit aux séminaristes intelligents de se faire inscrire ». (21 avril 1905.)

J'aurais mauvaise grâce à défendre ici l'Université catholique de Lille, qui, sans doute, ne se sent pas atteinte pour si peu, s'estime au-dessus de telles injures, et qui, en tout cas, compte assez d'écrivains éminents ou distingués pour rappeler à l'ordre la *Justice sociale* et les corneilles qui y abattent les noix.

*
* *

Si la *Justice sociale* n'aime pas l'enseignement libre, en revanche elle est très férue de conférences publiques et contradictoires, et, souvent, très souvent, on lit dans ses colonnes cette rubrique significative :

Les conférenciers républicains-démocrates.

Ils se sont multipliés, dirait-on, en décembre 1905. Ils ont même eu un banquet, dont la *Justice sociale* du 4 décembre 1905 parle ainsi :

Le banquet organisé par le Comité des conférenciers républicains-démocrates a eu lieu le 1ᵉʳ décembre.

Etaient présents : MM. les abbés Garnier, Gayraud, Naudet, Fesch, Bordron, Debout, Viollet, Magne, etc. ; MM. Fonsegrive, Paul Bureau, É. Rivière, etc.

S'étaient excusés, en assurant le Comité de leur dévouement : MM. les abbés Lemire, Dabry, Sertillanges, Klein, Couget, Boyreau ; MM. Raoul Jay, Imbart de la Tour, G. Blondel, Turmann, Chénon, Marc Sangnier, etc.

A l'issue du banquet, M. Latour, secrétaire du Comité des conférenciers républicains-démocrates, donne lecture d'un intéressant rapport, etc.

Or, veut-on savoir « ce que pense l'Eglise des conférences contradictoires » ? Le P. Loiselet l'a dit, d'après les décrets de la Sacrée Congrégation de la Propagande, 8 mars 1625, 6 février 1645 et 18 décembre 1662, « *toujours en vigueur* », comme le rappelait le cardinal Rampolla, le 27 janvier 1902 :

1º L'Eglise laisse toute liberté de tenir des conférences contradictoires sur des questions purement économiques, politiques, où il n'est pas question de religion.

2º Les catholiques ne doivent pas provoquer des conférences contradictoires sur des objets qui touchent à la religion : s'ils sont provoqués, *ils doivent s'efforcer de ne pas répondre*, et, s'ils se croient contraints de relever le défi, ils *doivent* demander l'approbation de l'autorité ecclésiastique.

3º S'exposer, sans être couvert par cette approbation, à être la cause de la baisse de la foi ou de la pureté dans l'âme des auditeurs, c'est encourir une responsabilité qui peut être grave, si l'on prévoit que le dommage causé sera grave.

4º L'évêque garde le pouvoir, en vertu du droit canon, d'excommunier un laïque, qui discuterait sans permission avec les hérétiques.

5° L'évêque étant le gardien de la foi, nul n'a le droit d'exposer, de défendre la foi, s'il n'a l'autorisation de l'évêque du diocèse.

6° Cette obligation générale est plus stricte encore en certaines régions, comme en Italie, ou dans les territoires soumis à la Propagande, à cause de prohibitions spéciales.

7° Les catholiques assistant à une conférence contradictoire, qu'ils savent plus ou moins irrégulière, selon les circonstances, se font plus ou moins les complices des promoteurs, et par conséquent, pèchent plus ou moins gravement.

8° Une conférence contradictoire, où l'orateur catholique intervient seul ou presque seul devant un auditoire plus ou moins hétérodoxe, offre évidemment moins d'inconvénients qu'une autre où les auditeurs catholiques sont nombreux et peu instruits.

A ce propos, un excellent catholique qui assistait, le 12 décembre 1905, à une Conférence donnée par M. l'abbé Naudet, salle des Sociétés savantes, à Paris, sur ce thème : « *Pourquoi je suis catholique* », a été aussi stupéfait de « la pauvreté d'arguments » de l'orateur que de la « discussion insensée » qui a suivi.

****

Reste la question *politique*, qui semble être, pour la *Justice sociale*, bien plus importante que la question religieuse.

MM. Naudet, Dabry, Tartelin, Dossemond, Lancry, Doudet, Trois Etoiles, Trois XXX, etc., sont « démocrates » et « républicains » : c'est leur affaire.

Mais « la démocratie chrétienne », telle que l'ont définie Léon XIII et Pie IX, est « une action chrétienne bienfaisante en faveur du peuple ». Or, cette « action chrétienne bienfaisante » peut être exercée et elle l'a été, elle l'est tous les jours, par des monarchistes, des royalistes, des impérialistes, aussi bien que par des républicains. — Au nom de la « démocratie chrétienne », on ne peut exclure aucune opinion politique. Sa Sainteté Pie X l'interdit dans son *Motu proprio*, après Léon XIII, disant, Encyclique *Graves de communi* : « La démocratie chrétienne *ne doit jamais s'immiscer dans la politique ; elle ne doit pas servir aux partis ni à des fins politiques ;* ce n'est pas son affaire ; mais elle doit exercer *une action bienfaisante en faveur du peuple,* fondée sur le droit naturel et les préceptes de l'Evangile. » Ainsi comprise, la démocratie chrétienne est la charité évangélique, aussi vieille que l'Eglise du Christ.

Au surplus, soyez démocrates « républicains », c'est votre droit ; mais n'imposez à personne de l'être comme vous, sous peine de ne plus être catholique.

Que signifient, en effet, les excommunications majeures et mineures, fulminées par la *Justice sociale* contre ceux qui usent de leur droit, en n'étant « pas républicains », puisque Léon XIII, dans *l'Encyclique* du 10 janvier 1890, dit formellement :

« L'Eglise, gardienne de ses droits et non moins respectueuse des droits d'autrui, ne prétend pas qu'il lui *appartienne de régler quelle est la forme de gouvernement, quelles sont les institutions que doivent préférer les peuples chrétiens dans les choses civiles.* »

« Mais, dit on, il y a le toast du cardinal de Lavigerie, le 12 novembre 1890, la déclaration des cardinaux français, le 16 janvier 1892, et la *Lettre*, (non pas *l'Encyclique*, comme on l'a dit à tort, puisqu'elle ne s'adresse pas à l'univers catholique), la *Lettre de Léon XIII* aux cardinaux français, 16 février 1892, conseillant l'acceptation de la République. » — Oui, mais un « conseil » n'est pas un *ordre*, que le Pape ne peut donner en cette matière, et Mgr Delamaire nous dit, dans *les Catholiques et les Élections :* « *La liberté du citoyen catholique* en matière politique était de notoriété publique, pour tous les esprits impartiaux et un peu documentés en histoire, soit ancienne, soit récente. » — « J'affirme, avait dit Mgr Turinaz dans *les Périls de la Foi*, que les conseils de Léon XIII qu'on a appelés les directions pontificales, ont été exagérés et transformés. » — Enfin, le *Livre Blanc* du Saint-Siège, décembre 1905, dit formellement, chapitre V, *Relations entre l'Eglise et la troisième République :*

Laissant aux catholiques pleine liberté de discuter quelle est la meilleure des diverses formes de gouvernement, il (le Saint-Siège) leur inculque le respect de la forme établie...

Léon XIII, « sans faire violence aux sentiments intimes de chacun,... renouvela ses exhortations d'accepter la République... comme fut accepté en France le premier Empire »,

contre lequel l'opposition ne fut jamais interdite, pas plus que contre le second Empire.

De quel droit donc appele-t-on « réfractaires » ceux qui ont la liberté, que leur reconnaît la Constitution, de n'être pas républicains, et même « de se servir de tous les moyens légaux, pour faire arriver un autre régime qui a leur préférence », ainsi que le déclarait M. de Freycinet, commentant les Lois constitutionnelles en 1885 ?

Chose étonnante ! nos démocrates ont tonné contre les monarchistes qui « inféodaient le trône à l'autel », et ils inféodent, eux, l'autel ou le catholicisme à la République, qui, d'ailleurs, n'en veut pas ! Le « trône », du moins, ne « se séparait » pas officiellement de l'autel, avec lequel il a vécu pendant quinze siècles.

Les Erreurs.8

N'est-ce pas la *Justice sociale* qui est « réfractaire » à Léon XIII et à Pie X, en voulant, au nom de la démocratie chrétienne, « *s'immiscer dans la politique et servir un parti* » ?

En tout cas, on est ébahi de trouver dans la *Justice sociale* des déclarations comme celles-ci, signées de M. l'abbé Naudet, le 30 avril 1904 :

Des cas nombreux peuvent se présenter où il sera beaucoup plus avantageux au bien général, bien de la Religion ou bien du Pays, que vous vous absteniez ou même — ne m'anathématisez pas avant de m'avoir lu — que vous votiez pour le « *mauvais* » *candidat*.

Oui, je sais... *Non sunt facienda mala ut eveniant bona ;* il ne faut pas faire un mal pour obtenir un bien. Laissez-moi vous dire que ce prétendu *axiome est faux* (??), comme quantité d'autres que nous acceptons pieusement, sans nous donner la peine de les vérifier...

Sacrifier quelques voix au Parlement — quand on sait surtout que la majorité est considérable contre nous, et le fait sur lequel nous discutons est relativement assez rare — donc sacrifier quelques voix, qui, d'ailleurs, ne changeraient pas le résultat parlementaire, n'est rien, quand on compare ce sacrifice à la nécessité de rendre possible une alliance avec les républicains modérés.

Et voilà pourquoi je n'hésite pas à dire que les catholiques ne doivent jamais voter pour un monarchiste, *dût-il être le député idéal, cette abstention dût-elle avoir pour conséquence de faire passer le « méchant » candidat.*

Sauf dans le cas plus haut cité, il n'est nullement à propos de voter pour le sectaire ; mais il importe que l'on sache que les catholiques n'ont pas donné leurs voix à l'anti-républicain.

C'est pourquoi je n'hésite pas à dire à mes amis qui se trouveraient dans ce cas : votez blanc.

De telles assertions n'ont pas besoin d'être réfutées.

Faut-il s'étonner que M. l'abbé Dabry ait suivi son chef de file et écrit le 8 juillet 1905, après l'avoir dit dans un toast au Président de la République :

Partout où un conservateur osera se mettre sur les rangs, que *les républicains de toutes nuances* s'unissent étroitement pour lui barrer le passage.

« Voilà donc, disait la *Vérité française* du 4 octobre, voilà donc tous les Dabry de la création partant en guerre avec tous les « blocards », Etienne, Pelletan, Jaurès, Sembat, Coutant, Taillade, s'il le faut, pour « barrer le passage » à M. Denys Cochin, à M. Lasies, à M. Baudry d'Asson, à M. Bourgeois de la Vendée, au duc de Rohan, etc. »

L'*Autorité*, la *Libre parole*, la *Vérité française*, l'*Action catholique française* ont fait justice de ces insanités tintamaresques.

Dans le même numéro de la *Vérité*, du 4 octobre, M. Delmont, rappelant à l'ordre, pour un autre méfait, le même M. Dabry, « ce hanneton tapageant dans son tambour », disait :

« Il nous apprend sans sourciller, *Justice sociale* du 8 juillet, que « les catholiques italiens *étaient à peu près dans la même situation* que les catholiques français par rapport à la République. »

« Mais où donc cet abbé Dabry, si méridional qu'il soit, quelque habitude qu'il ait eue de danser en rond sur le pont d'Avignon, en criant : « Vive le Roy ! a-t-il pu voir qu'il avait été ordonné par un Pape aux catholiques français, comme aux catholiques italiens, de n'être « ni électeurs ni élus »? Nous avons toujours voté à notre guise, et s'il n'y a pas eu plus de catholiques élus, ce n'est pas leur faute.

« De part et d'autre, ajoute notre étourneau, *on restait à la porte du pays*, on faisait bande à part... Léon XIII a fait cesser une si fausse et si périlleuse situation pour les catholiques français. Pie X est en train de la faire cesser pour les catholiques italiens. »

« Pour de l'histoire abracadabrante, voilà de l'histoire abracadabrante. Les catholiques français « à la porte du pays » avant Léon XIII, et cessant d'y être grâce à lui !

« Mais c'est depuis 1901 que Jésuites et Carmes, Bénédictins et Dominicains, Religieux et Religieuses, sont « à la porte du pays » de France, malgré Léon XIII et Pie X, et grâce à la République, si chère à M. Dabry. »

Oui, si chère que, pour ses amis et pour lui, elle passe avant tout. En effet, la *Justice sociale* d'octobre 1905 publiait la lettre suivante « d'un néophyte de M. l'abbé Dabry », sous ce titre : *Un Congrès diocésain... A Pamiers.*

Pamiers, le 12 octobre 1905.

CHER MONSIEUR L'ABBÉ,

Je suis navré, et j'ai peur que le coup que je viens de recevoir ne soit irrémédiable.

Vous aviez réussi à me persuader de reprendre mes devoirs religieux. Vous étiez arrivé à me faire croire que l'Eglise n'était pas avant tout une institution politique ; mais que, portant la vérité éternelle, elle était pareillement une mère qui distribue ses bienfaits à tous. Quelques prêtres comme vous, dont le nombre, je le reconnais, va tous les jours en augmentant, semblent, en effet, être la preuve qu'on peut être de son pays et de son temps, et n'être pas pour cela en opposition irréductible avec le dogme catholique et avec la hiérarchie qui le représente.

Mais voyez combien votre influence est mince ; voyez ce qui vient de se passer à Pamiers et qui laisse présumer de ce qui se passera dans la plupart des diocèses, après la séparation.

Dimanche dernier, l'évêque a réuni un congrès diocésain, *pour* aviser aux mesures qu'il y aurait à prendre *pour* faire face aux nécessités du culte après la séparation, *pour* (1) que les croyants puissent conserver leurs prêtres, continuer leurs réunions, satisfaire aux besoins de leurs âmes et garder leur foi. Quoi de plus légitime et de plus sacré, et de plus capable de grouper autour du pasteur, justement inquiet, tous ceux qui ont gardé au cœur l'idéal religieux, le désir

____

(1) En voilà des « pour » ! Le néophyte de M. Dabry n'est pas plus fort en français qu'en catéchisme.

d'y conformer au moins les principaux actes de leur vie ? S'il est une réunion d'où tout sujet étranger, d'où toute question blessante dût être exclue, une réunion, en un mot, qui dût être respectée, c'est celle-là.

Eh bien, que s'est-il passé ? On s'est réuni dans la propriété d'un ancien député monarchiste. Ce n'est pas tout. On a fait venir, pour parler des Associations paroissiales et indiquer la conduite à suivre, le délégué d'un des groupes royalistes les plus militants de Paris, l'abbé Bolo, orateur des réunions de l'*Entente nationale*. Ce n'est pas tout encore. Après les théories de l'*Entente nationale* sur la meilleure manière de se grouper « pour sauver la foi », il nous a fallu entendre celles d'un autre parti politique, dont le chef, M. Jacques Piou, après le baron Xavier Reille, a donné en personne. M. Piou, avec de grands gestes et de grands éclats de voix, a surtout insisté sur la nécessité pour le clergé de se jeter dans la bataille électorale.

Et tout cela sous la présidence de l'évêque! Et tout cela à propos d'Associations paroissiales et de moyens de conserver la foi !

Mon pauvre ami, j'en suis bien fâché, mais je crois que *je ne mettrai plus les pieds à l'église* et je me passerai désormais des sacrements. Je ne veux pas être une *poire* qu'on embauche sous prétexte de religion et qui est destinée à grossir les troupes du duc d'Orléans ou le parti de M. Piou.

La séparation, parmi tant d'inconvénients, pouvait au moins nous rendre ce service de rapprocher les uns des autres et de constituer en groupes compacts les croyants, que jusqu'ici la politique a tant divisés. Voilà que ce rapprochement, on le leur interdit au nom même de la politique, et qu'on les divise plus que jamais ! *C'est une véritable trahison.* Nous sommes perdus.

Excusez, cher ami, cette franchise et ce pessimisme, mais j'ai emporté d'Ussat la plus navrante impression.   J. P.

Voici ce qu'écrivait à ce propos M. Auguste Roussel, dans la *Vérité Française* :

La *Justice sociale* dit que cette lettre peut « se passer de commentaires ». En effet !

Pourtant, il n'est pas inutile de souligner la qualité religieuse de ce « converti » d'étrange espèce, qui se promet de né plus mettre les pieds à l'église et de se passer désormais des sacrements, parce qu'un évêque, soucieux de son devoir, se préoccupe de réunir tous ses diocésains, quelles que soient leurs opinions politiques, sur le terrain commun de la défense des intérêts de l'Eglise !

Cela revient à dire que, pour les catholiques façon Dabry, l'ancienne formule : « Hors de l'Eglise, point de salut », doit faire place à cette autre : « Hors de la République, point de salut. »

Nous nous en doutions dès longtemps. Mais il est bon d'en recueillir l'aveu sur les lèvres mêmes des parangons de cette secte nouvelle.

Désormais, l'on doit savoir qu'à leurs yeux la République, c'est toute la religion, et que les pires forfaits des sectaires ne sont pas capables de les en dégoûter.

Le 22 juillet 1905, l'abbé Dabry répond aux attaques dont il est l'objet par un article intitulé *les Pharisiens* :

Ils se sont voilé la face de ce que j'ai dit qu'aux prochaines élections les catholiques ne devaient pas connaître les monarchistes.

C'est le pape Léon XIII lui-même qui a déclaré, il y a quelque quinze ans, qu'au nom du patriotisme et au nom de la religion, de monarchistes il ne devait plus y en avoir.

Léon XIII, on l'a vu, a laissé à tous les catholiques le droit d'avoir les opinions politiques qui leur plaisent.

Comme il y en a qui n'ont pas obéi, comme il y a un groupe de *révoltés* (1) qui, après avoir laissé la voie ouverte aux sectaires et leur avoir permis d'ébranler l'Eglise de France jusque dans ses fondements (2), voudraient profiter du désarroi actuel pour se rendre nécessaires et ressaisir les catholiques, je dis que, si nous avons un peu de conscience et de dignité, nous ne devons pas les connaître.

Si nous ne voulons pas nous parjurer, si nous voulons

(1) Il n'y a de « révoltés » que ceux qui, comme M. Dabry, s'insurgent contre Mgr Dubillard et autres évêques.

(2) Ainsi donc, ce ne sont pas les sectaires, auteurs des « lois scélérates », qui ébranlent « les fondements de l'Eglise », ce sont les monarchistes, qui ont toujours combattu ces lois !!!

prouver la loyauté de nos déclarations vis-à-vis de la République, il faut, ai-je dit, *voter pour le candidat républicain, quel qu'il soit*, qui aurait contre lui un monarchiste.

P.-S. — *L'Univers*, s'occupant de la question et reconnaissant qu'entre un républicain honnête et un monarchiste, le devoir est de voter pour le républicain, ne veut pas cependant qu'on aille jusqu'à voter, dit-il, *pour un ennemi*.

Ce n'est pas notre avis. Si l'élection doit avoir le caractère d'une manifestation politique, si le public nous attend à cette élection pour éprouver la sincérité de nos sentiments républicains, *il faut voter pour le républicain, quel qu'il soit*. Ce fut le cas de M. Lamy, quand il fit campagne avec les 363, parmi lesquels il y en avait qui n'étaient certainement pas très recommandables ; ce fut le cas du journal le *Temps*, qui n'hésita pas, il y a une vingtaine d'années, à soutenir la candidature du communard Félix Pyat contre le monarchiste Edouard Hervé.

Ce fut un tort et un tort très grave du *Temps* et de M. Lamy d'agir comme ils le firent ; ils en ont été, d'ailleurs, cruellement punis par leurs échecs successifs et ceux des candidats modérés.

Les dires de M. Dabry sont tout simplement odieux, comme cette calomnie d'un anonyme, intitulée *Monarchistes et républicains*, dans *la Justice Sociale* du 22 juillet 1905 :

Les monarchistes ont l'air de se scandaliser de ce que vous avez dit qu'on pouvait s'unir avec n'importe quels républicains pour leur barrer le passage.

Mais eux, qu'ont-ils fait autre chose, pendant quinze ans, que s'unir aux pires républicains pour barrer le passage aux catholiques qui obéissaient aux directions de Léon XIII ? (1).

Est-ce qu'ils n'ont pas constamment *collaboré avec les francs-maçons* du dedans et du dehors pour faire échouer la politique de ce grand Pape ? (2).

Est-ce qu'ils ne se sont pas alliés aux radicaux pour ren-

(1) Qu'on cite un seul fait à l'appui de cette calomnie !
(2) Jamais, au grand jamais !

verser le ministère Ribot, *uniquement parce qu'il voulait mettre un terme à la persécution religieuse* (1), comme vous le dites très bien dans votre livre, les *Catholiques républicains ?*

Est-ce que la *Vérité française*, et tous les amis du comte de Blois, n'ont pas ameuté toute la franc-maçonnerie de Brest, tous les instituteurs laïques ? (2).

Que MM. Dabry et Naudet convertissent leurs bons amis, les républicains à des sentiments religieux, ou même tolérants pour la religion ; alors, mais alors seulement, ils auront peut-être le droit de se dire « républicains avant tout ». Pour nous, « catholiques avant tout », nous sommes condamnés à rester long-temps encore les ennemis d'un régime qui ne vit que de sa haine persécutrice contre le catholicisme.

Mais la *Justice sociale* a récidivé de plus belle et, le 25 novembre 1905, elle publiait en première page l'entrefilet suivant :

Jeannot.

Une *Croix* de province publie cette fantaisie :

« A peine rentré du bois, le charbonnier Jeannot s'est informé auprès d'un lecteur de *la Croix* si la Séparation, dont il avait entendu parler, était encore définitive.

« Apprenant que le projet était à peu près voté par nos législateurs, il en a été tout triste.

« Malgré qu'il ne soit pas dévot, notre homme tient à la Religion. Aussi bien la vue d'une belle cérémonie à l'église lui remue le cœur ; il aime à causer avec M. le curé, et quand la cloche branle, à l'approche de l'orage, il se signe avec conviction et demande au « Suprême » de préserver de la grêle son petit coin de seigle et de la foudre sa vache grise sur la montagne.

(1) Le ministère Ribot n'a jamais voulu « mettre un terme à la persécution religieuse », et il a été renversé sur une question de politique extérieure, d'anglomanie.

(2) « Les instituteurs laïques et la franc-maçonnerie de Brest » n'ont eu aucun besoin d'être « ameutés » contre la religion : ils l'abhorraient et la combattaient avant les prétendues excitations de la *Vérité*.

« Le malheur est que Jeannot ne comprend pas l'importance du devoir électoral et que ses bulletins de vote sont toujours pour *des candidats ennemis de la religion.* »

Pardon ! Jeannot connaît très bien son affaire. Jeannot est républicain, il vote pour des républicains. Quand les amis de la religion voudront être sérieusement et sincèrement républicains, et non point, comme ils se disent depuis quelque temps, libéraux, constitutionnels et autres balançoires qui ne trompent personne, Jeannot votera pour eux. Je connais des catholiques très instruits et même des *prêtres* qui votent comme Jeannot.

M. l'abbé Dabry calomnie, sans doute, ses confrères « les prêtres » et « les catholiques très instruits » dont il parle. Ils lui laissent le monopole de pareils impairs, quoiqu'il trouve, hélas ! de tristes imitateurs dans ces jeunes « parpaillots de la démocratie » dont parlait M. Delmont dans *la Vérité française* du 4 octobre :

L'un d'eux disait l'autre jour : « Un prêtre qui n'est pas républicain, quel bien peut-il faire ? »

Un autre : « Mieux vaut vivre en République, même avec Combes, que subir une monarchie. » (Textuel).

La haine du passé monarchique de la France, voilà le fond de tous ces fougueux « républicains » démocrates. Ils oublient que « la piété filiale des nations, c'est le respect du passé ». Ils oublient que la monarchie a laissé la France chrétienne, et que la République ne travaille qu'à la déchristianiser.

Il ne faudrait pas croire, d'ailleurs, qu'il s'agit là d'une simple exagération de MM. Naudet et Dabry. Pas du tout ! Ils sont toute une bande à soutenir les mêmes principes.

Il y a le Docteur Lancry, concluant ainsi, le 27 juillet 1905, une longue *Causerie* sur la République et le Christianisme :

Depuis l'avènement du Christianisme, l'ascension de

l'humanité au point de vue moral par la diffusion de la vérité théologique, au point de vue matériel par le progrès incessant des lettres, des sciences, des arts, du commerce, de l'industrie, *entraîne logiquement et fatalement l'humanité dans une ascension politique, qui est l'ascension républicaine.*

Il faut être aveugle pour ne pas voir cela et il faut être fou pour vouloir remonter un courant permanent, constant et fatal, qui entraîne *tous les peuples* (1).

Il importe peu que cette évolution vous plaise ou ne vous plaise pas, de même qu'il importe peu de savoir si les chaleurs de l'été ou les frimas de l'hiver vous plaisent ou ne vous plaisent pas. *Cela vous dépasse, cela vous domine, cela vous subjugue.*

Donc il est insensé de vouloir retourner en arrière, et *c'est en avant que se trouve le salut.* Donc en route pour l'amélioration de la République, en route pour *la Christianisation de la République* (2) !

Et soyez convaincus que la France est toujours à la tête des nations et à la tête de la civilisation (3), en prêchant par ses actes et par ses paroles la liberté, l'égalité, la fraternité entre les citoyens, en prêchant la fraternité des peuples et l'abaissement des frontières jusqu'à concurrence de sa sécurité individuelle, — en prêchant la justice sociale et l'élévation des faibles, des humbles et des déshérités ; — en un mot, en prêchant la paix du monde, et en prêchant la République (4).

Seulement, aujourd'hui ce ne sont plus les curés, ce ne sont plus les catholiques qui *prêchent les idées fondamentales du christianisme, ce sont les socialistes et les anticléricaux* (5).

(1) Bah ! même les Norvégiens, les Anglais, les Allemands, les Espagnols, les Autrichiens, les Italiens, les Chinois, les Japonais, les Turcs, etc., etc. ??

(2) Oui, mais la République française veut si peu se laisser « christianiser » et baptiser qu'elle vient d'apostasier et de rompre tout lien avec l'Eglise.

(3) Hélas ! qu'il faut en rabattre ! Nous venons au 5e ou 6e rang pour le commerce, l'industrie, les exportations, la natalité !

(4) Le socialiste Bebel déclarait au Congrès de la Haye, en 1904, que « l'Empire allemand avait plus fait pour les réformes sociales que notre République bourgeoise ».

(5) De pareilles assertions vont à l'encontre du bon sens chrétien et des Encycliques de Léon XIII, condamnant le socialisme comme une erreur aussi formelle que dangereuse.

Quand donc, catholiques mes coréligionnaires, saurez-vous reprendre ce qui fut votre force dans le passé, ce qui sera votre force dans l'avenir !

Le docteur Lancry va même jusqu'à prêter au Pape glorieusement régnant ses idées à lui, Lancry, et voici le dialogue qu'il imagine, le 23 juillet 1904, entre le Pape et un prêtre français :

— Quelle est, lui demanda Pie X, la forme du gouvernement en France ?
— La République.
— Depuis quand ?
— Depuis 34 ans.
— Et le peuple veut-il toujours la République ?
— Je suis obligé de reconnaître que toutes les élections confirment la République.
— Eh bien, si la République est un fait, un fait établi par les années, dites à vos amis qu'un Français qui veut être *un catholique intégral, doit être républicain.*

Jamais le Pape n'a tenu un tel langage, en contradiction avec le *Livre Blanc.*

Après Lancry, il y a Larroque, disant en 1904, nos de la *Justice sociale* 520, 552 :

Accepter l'appoint des monarchistes ? Non ! Que les royalistes se présentent comme tels, ils nous rendront service.

Il y a Carabin, qui, toujours en 1904, nos 554, 556 de la *Justice sociale,* écrit sans sourciller :

Un monarchiste et un franc-maçon se présentent ? Je mets un bulletin blanc. — *Entre un catholique royaliste et un franc-maçon républicain, je choisis le premier.*

Il y a Morien, écrivant, le 16 novembre 1905 :

C'est dire qu'il faut toujours voter pour des candidats républicains. Les actes sont plus éloquents que les protestations. Si nous avons parmi nous des candidats républicains, on s'empressera de répondre à leur appel et de se serrer autour d'eux. Si nous ne trouvons pas dans notre sein des républicains, nous irons à ceux qui viennent d'un autre horizon. Ces derniers ne *présenteraient-ils pas toutes les garanties voulues au point de vue religieux*, nous ne devrions pas hésiter à leur donner nos suffrages, *uniquement pour montrer que nous sommes républicains*. De pareils actes ne sont après tout que de simples incidents. La politique ne se meut jamais dans l'absolu ; elle ne vit que de relatif. L'important pour nous est d'arriver au but par des voies disparates et dont quelques-unes semblent de prime abord nous en éloigner. Le but, c'est l'amélioration de notre situation, c'est le respect de nos droits, c'est la conquête de nos libertés. Le moyen, c'est l'affirmation franche et nette de nos convictions républicaines.

Il y a tel autre correspondant anonyme qui écrit à M. Dabry, le 20 juillet 1905, à propos de son toast du 2 juillet :

Cher ami, vous avez eu le mérite, disons mieux, la vaillance de proclamer cela dans votre toast au banquet du 2 juillet et de l'exposer avec une clarté éloquente dans les colonnes de l'odieuse *Vérité française*. Vous avez pu constater le retentissement qu'ont eu les déclarations de notre Comité Républicain démocrate, et je crois qu'elles sont inaugurales d'un consolant avenir...

Quant à nous, catholiques, vraiment patriotes, sincèrement Républicains, nous devons considérer qu'une ère est définitivement finie. *Les congrégations dissoutes ni le concordat ne sont nécessaires à la vie de l'Eglise : ils n'en ont été que des accidents* (1). Quelque opinion que l'on professe à leur

(1) Comment ne pas rappeler ici que tout l'épiscopat français et le Pape lui-même ont protesté contre de telles audaces, en défendant énergiquement le Concordat et les Congrégations ?

Les Congrégations sont plus que des « accidents » dans la vie de l'Eglise : elles ont toujours paru nécessaires au plein et entier épanouissement de cette vie par la pratique admirable des conseils évangéliques.

Quant au Concordat, n'y voir encore qu'un « accident » éphémère, ne pas se soucier de sa rupture, ou « célébrer une messe d'actions de grâces au lendemain du vote de la séparation des Eglises et de l'Etat » (acte d'apostasie nationale), comme M. l'abbé Gayraud se vante de l'avoir fait, c'est fouler aux pieds les Encycliques de Léon XIII, *Immortale Dei* et *Libertas*.

sujet, il faut bien s'incliner devant l'irrémédiable mort. Il serait déplorable de s'attarder à d'inutiles revendications. à une obstruction stérile, qui use les hommes et compromet l'idée.

C'est un malheur et presque une honte pour un pays comme la France d'être retardé dans son essor par une opposition monarchiste. Et je rougis pour le catholicisme en France de ce qu'il ait servi à étayer ces *nuisibles débris.*

Ne faudrait-il pas plutôt « rougir » de celui qui ose ainsi traiter d'excellents catholiques, qui ne « retardent

Il n'est pas permis de révoquer en doute la thèse catholique sur la constitution normale de la société chrétienne : « Elle préconise, disait Mgr d'Hulst, entre l'Eglise et l'Etat un régime d'union qui associe la puissance civile au maintien de ce bien inestimable qui s'appelle l'unité des croyances dans la vérité acceptée de tous. »

Léon XIII, dans sa *Lettre* adressée, le 16 février 1892, au clergé et aux fidèles de France, résumait en ces termes la doctrine catholique : « Vouloir que l'Etat se sépare de l'Eglise, ce serait vouloir, par une conséquence logique, que l'Eglise fût réduite à la liberté de vivre selon le *droit commun* à tous les citoyens. Cette situation, il est vrai, se produit dans certains pays. C'est une manière d'être qui, si elle a de nombreux et graves inconvénients, offre aussi quelques avantages, surtout quand le législateur, par une heureuse inconséquence, ne laisse pas que de s'inspirer des principes chrétiens ; et ces avantages, bien qu'ils ne puissent *justifier le faux principe de la séparation, ni autoriser à le défendre,* rendent cependant *digne de tolérance* un état de choses qui, pratiquement, n'est pas le pire de tous. »

Léon XIII écrivait encore, le 6 janvier 1895, aux évêques des Etats-Unis : « L'Eglise a obtenu chez vous de tels droits, grâce à la bonne volonté des pouvoirs publics, que, n'étant gênée par aucune entrave légale, et défendue contre la violence par le droit commun et la justice des jugements, elle possède, garantie contre toute offense, sa liberté de vie et d'action. Mais, bien que ces remarques soient vraies, ce serait *une erreur* de conclure que la meilleure situation pour l'Eglise est celle dont l'Amérique offre l'exemple, ou qu'il est partout permis ou utile de séparer absolument l'Eglise et l'Etat, comme cela a lieu en Amérique. En effet, si la religion catholique est respectée parmi vous, si elle y est même développée, cela doit être attribué entièrement à la puissante fécondité qui appartient divinement à l'Eglise, et qui, lorsque personne ne s'y oppose, lorsque rien n'y fait obstacle, répand et propage spontanément ses effets : *fécondité qui pourtant produirait plus de fruits encore si, outre la liberté, elle jouissait de la faveur des lois et du patronage de la puissance publique.* »

Pie X, dans une récente allocution, déclarait qu'il se plaignait « moins du projet de résilier le pacte actuel du Concordat, que du projet *de Séparation perpétuelle* du pouvoir civil et de l'Eglise. »

en rien l'essor de la France » et voudraient l'empêcher de rouler aux abîmes où la conduit la République sec-taire ?

C'est dans l'ordre d'idées cher à M. Dabry qu'un certain « Flambeau », pris à partie par la *Vérité Fran-çaise* du 10 février et du 4 mars 1905, n'avait pas craint d'écrire dans un article reproduit par la *Croix du Cantal*, trop amie de la *Justice sociale*, on l'a vu :

« *Les Congrégations ont fait défection.*

« *Combes avait raison.*

« *Elles n'étaient pas dignes.* »

Ce « Flambeau » qui, paraît-il, écrit dans la *Bannière catholique*, a commis une énorme gaffe, qu'on a eu raison de relever vertement.

Et cet autre article de la *Justice sociale* du 25 mars 1905 :

Il y en a qui recommencent, paraît-il, à parler de *parti catholique*. Que nos amis, nous les en conjurons, n'acceptent même pas de discussion à ce sujet ! C'est une question réglée, sur laquelle, sous aucun prétexte, il ne faut accepter de revenir. *Nous sommes républicains ;* nous ne voulons et ne pouvons avoir affaire qu'à des républicains. Si on invoque *l'intérêt religieux,* c'est précisément au nom de cet intérêt que nous avons brisé une fois pour toutes et définitivement avec la politique, qui depuis si longtemps le compromet. Voter dans une élection pour *un candidat réactionnaire, communiât-il tous les jours,* c'est *voter contre l'intérêt de la religion.*

Voici le pendant de cette extravagance, 19 août 1905 :

Je n'aurais aucune répugnance à voter *pour M. Brisson,* par exemple, en tant que représentant de la République dans une circonscription donnée. (!!!)

Ainsi, c'est chose entendue pour ces « démocrates » : ils sont « républicains » avant tout. Qu'on ne leur parle ni « de franc-maçonnerie », ni « de parti catholique », ni de candidat religieux : cela ne compte point pour eux. Comment osent-ils donc se dire « démocrates *chrétiens ?* »

Quant à l'Action libérale populaire de M. Piou, voyez-la jugée par M. Naudet en 1904, *Justice sociale*, n° 596 :

Ce n'est ni un *parti catholique*, et c'est heureux, ni même un *parti*, et c'est fâcheux. « Association d'honnêtes gens qui trouvent que les choses vont de mal en pis et qui voudraient faire effort pour arrêter la décadence. » Pourquoi je n'y entre pas, et pourquoi je le dis.

Faut-il donc s'étonner de cette profession de foi de M. l'abbé Dabry, 5 août 1905 :

La République est la pierre angulaire de la France moderne (1). On ne peut toucher à elle sans toucher à la stabilité nécessaire, à l'ordre, au progrès, à la condition de tout bien, par conséquent, sans toucher à la religion elle-même. On ne peut toucher à la République sans condamner la France, un demi-siècle de plus, un demi-siècle mortel peut-être, au rôle ridicule, décevant et stérile de Sysiphe.

Voilà notre foi, celle que nous partageons avec l'immense majorité des Français, et pour laquelle, aimant notre patrie jusqu'au sang, nous sommes prêts à nous faire tuer...

Il n'y paraît que trop ! La foi catholique peut être impunément attaquée par l'américanisme, par M. Loisy, les francs-maçons et Cᶦᵉ : M. Dabry ne s'émeut point. Mais la foi républicaine est sacro-sainte : gare à qui la touche, à qui même y semble indifférent !

Ainsi, *la Ligue des femmes françaises* et *l'Action libérale* ayant eu une réunion à Epernay en mars 1905, M. Dabry juge sévèrement, dans *la Justice sociale* du 1ᵉʳ avril *(L'éternelle duperie),* Mademoiselle Gervais, d'ailleurs fort éloquente :

(1) Appliquer à la République que l'on connaît ce mot de l'Ecriture, « pierre angulaire », qui n'est vrai que de Notre-Seigneur, n'est-ce pas une irrévérence ?

Le discours bien soutenu était très substantiel. Le but de la Ligue et ses moyens d'action étaient exposés d'une façon instructive et intéressante.

Malheureusement, *le poison était à la fin*. Après avoir demandé aux femmes présentes et qui dans l'immense assemblée pouvaient bien être au nombre de cinq cents, après leur avoir demandé de se joindre aux femmes déjà liguées pour constituer au sein du pays une force morale et *électorale* irrésistible, la représentante de la Ligue des femmes françaises s'est posé la question si la Ligue travaillait sous l'égide de quelque parti politique ; elle a répondu : Non, nous ne sommes ni républicaines, ni impérialistes, ni royalistes.

Et par cette simple déclaration tout l'effet de son discours s'est effondré. Car *il n'est pas possible de faire à des Français un outrage plus sanglant que de venir leur dire à la face qu'on ne connaît pas la forme de gouvernement qu'ils se sont donnée.*

Regarder la République comme un parti politique, et non comme une « forme de gouvernement qui nous abrite tous (oui, même les religieux et les religieuses expulsés !) comme le patrimoine, fruit de tant de sacrifices, à l'amélioration et à la gloire duquel nous devons tous travailler, c'est... *faire acte de mauvais Français* ».

— A raisonner ainsi, ceux qui attaquent la monarchie, « patrimoine » de la France pendant quinze siècles, font acte non pas seulement de « mauvais Français », mais de lèse-patrie Française.

Pour MM. Dabry et consorts, la « République avant tout », avant le catholicisme, avant la foi, avant la Croix, avant Dieu ! C'est une aberration, dont faisait justice Eugène Veuillot, glorifié à sa mort par *la Justice sociale* et M. Dabry :

Sans doute, répondait Eugène Veuillot aux déclarations ardemment républicaines de Mgr Guilbert, évêque d'Amiens, tuer l'Eglise n'est pas la base du régime républicain pris *en lui-même ; mais c'est incontestablement le but de la République française*. Elle ne subit pas en cela les suites d'un malentendu ; elle ne se laisse pas entraîner à des représailles : *elle reste dans ses traditions, elle suit sa voie.* Sortie du travail des persécuteurs, la première République a toujours été un gouvernement de persécuteurs. *Ses héritiers n'ont pas démenti cette origine.*

Et encore :

Cette adhésion à la République nous donnerait-elle la paix ? *Oui, si nous voulons sacrifier tous nos droits ; non, si nous voulons les défendre.*

Depuis lors, ces remarques ont été maintes fois confirmées, et dans un *Discours* à la Chambre des députés *(Journal Officiel* du 22 janvier 1902, p. 110, col. 2, *in fine)*, M. Dubief, actuellement ministre de l'Intérieur, pouvait traduire ainsi la pensée de ses coreligionnaires politiques :

S'il y a un *criterium de la vraie foi républicaine*, il est dans *le sentiment anticlérical* et dans la fidélité à ce qui fut toujours considéré comme la marque du programme républicain lui-même.

Et l'on voudrait nous faire adhérer à un tel programme, dont Mgr Freppel disait si bien : « La République en France n'est pas une forme de gouvernement : c'est une doctrine, la doctrine anticléricale. » Michelet l'affirmait en disant : « La vie du catholicisme, c'est la mort de la République ; la vie de la République, c'est la mort du catholicisme. »

VII

Erreurs de polémique de la « Justice sociale. »

Parler de « polémique » à propos de *la Justice sociale* peut sembler naïf. En effet, si la « polémique » consiste dans l'échange courtois d'arguments et d'idées contradictoires, on peut défier n'importe quel honnête homme de trouver, dans toute la collection des treize années de *la Justice sociale*, cet échange courtois d'arguments et d'idées avec les adversaires que lui ont suscités les plus étranges hardiesses. Des injures et de gros mots, qui ne sont pas des raisons, voilà toutes les réponses de ce journal.

***

Voulez-vous savoir d'abord comment nos démocrates traitent le Pape, les cardinaux, les évêques et les prélats ?

Le Pape, en mars 1899, était accusé par M. l'abbé Dabry d'avoir, par sa *Lettre au cardinal Gibbons*, servi « un venimeux procès de tendance » et « anathématisé des formules » imaginaires.

Voici maintenant le vénérable cardinal archevêque de Lyon drapé par M. l'abbé Naudet.

M. l'abbé Sifflet, ancien rédacteur de la *Justice sociale*, sous le pseudonyme *Delion*, ayant reçu « un avertissement charitable » de Son Eminence le cardinal Coullié, et non pas une « approbation » pour ses idées, comme le laissait croire la *Justice sociale* des 15 et 22 juin, prie M. Naudet de faire connaître les décisions des supérieurs ecclésiastiques de Lyon.

M. l'abbé Naudet, au lieu de s'honorer par une soumission édifiante, comme celle de M. Sifflet, accuse les autorités lyonnaises *d'abus de pouvoir* :

« Obliger un inférieur à prendre cette attitude et à remercier ainsi l'autorité qui lui fut bienveillante, *n'est-ce pas faire un abus véritable de la charge de supérieur ?*

Voici encore le cardinal Oreglia, qui écope le 7 janvier 1905 :

Et ce cher et vénéré chanoine Delassus, dit le docteur Lancry, qui vient de recevoir et de publier, de M. le vicaire général Lobbedey, de si belles lettres l'assurant que la *Semaine de Cambrai* (1) *a la plus vive sympathie du cardinal Oreglia ?*

La *Justice sociale* n'en aura jamais de telles à son actif.

Ecoutez encore l'abbé Dabry, alors à *la Voix du Siècle,*

(1) On verra que la *Semaine de Cambrai* est pour le docteur Lancry « immédiatement au-dessous de rien ». Ses lecteurs sont *des fossiles momifiés* et son directeur, à *l'esprit atrophié, un scandale permanent,* et que, dès lors, un cardinal déroge en lui donnant « sa plus vive sympathie ».

« En faisant abstraction de toutes les niaiseries, erreurs et sottises de la *Semaine* de Cambrai pour ne voir que sa mentalité :

« La principale caractéristique de la publication a été d'être *négative.*

« Elle a été *négative* de toute direction pontificale. — Elle a été *négative* de toute réforme demandée par l'encyclique *Rerum novarum.* — Elle a été *négative* des instructions sur le ralliement de Léon XIII, qu'elle a faussées ou dont elle n'a jamais parlé.

« Au point de vue humain, sa caractéristique a été *de n'avoir aucun scrupule,* de tronquer savamment des textes pour leur faire dire autre chose que ce qu'ils disent.

« La seule qualité du chanoine Delassus est de savoir ergoter sur des pointes d'aiguille pour faire croire à des dévotes que ce qui est blanc est noir et inversement. »

répondant en 1901, au Communiqué de Mgr Dubillard, évêque de Quimper :

Mgr Dubillard.

On nous demande ce que nous pensons de la fameuse note publiée par Mgr l'Evêque de Quimper et reproduite avec *une platitude niaise* par tous les journaux et toutes les *Semaines religieuses* à la solde du parti réfractaire.

Nous y sommes nommément représentés, nous et nos amis, comme faisant œuvre malsaine, œuvre de Satan (a dit un commentateur), de complicité avec les francs-maçons et les socialistes.

Nous répondons que nous *n'en* pensons *rien*. Mgr Dubillard, évêque de Quimper, n'est pas notre évêque. Ce *que nous faisons ne le regarde pas* et ce qu'il dit peut difficilement nous atteindre.

Comme si les évêques, « gardiens de la foi », n'avaient pas le droit et le devoir de veiller sur les journaux s'adressant au jeune clergé !

L'incohérence des diverses parties de son document montre qu'il apporte une *certaine légèreté dans ce qu'il fait*. On jugera du degré de confiance qu'il faut lui accorder, quand on saura qu'il a écrit contre nous pour demander aux curés de son diocèse de surveiller très attentivement les séminaristes qui nous lisent. Or, pas un seul séminariste du diocèse de Quimper ne reçoit ni la *Voix du Siècle*, ni, croyons-nous, la *Justice sociale* (1). Ce seul fait indique suffisamment la simple *intention de nuire* et non de faire le bien et laisse percer sous l'évêque l'homme de parti.

Prêter gratuitement à un évêque, remplissant un devoir de sa charge épiscopale, *l'intention de nuire*, n'est-ce pas aussi impertinent que démocratique ? Mais allons jusqu'au bout.

On ne peut s'empêcher alors de constater qu'il est *triste qu'un homme deux fois sacré*, qu'un haut dignitaire de

---

(1) Cela est faux : la *Justice sociale* est très lue par le jeune clergé du Finistère et d'ailleurs.

l'Eglise, mette au service des passions humaines et *prostitue à la bassesse des intérêts de ce monde le caractère auguste, la dignité et l'autorité dont il est revêtu*.

Nous avons voulu savoir quelle était la valeur de l'homme qui, étendant gratuitement sa juridiction épiscopale, a *la prétention* de nous mettre au ban de l'opinion catholique. Nous sommes allés exprès à Besançon, où, il y a deux ans, il exerçait encore les fonctions de vicaire général. Nous avons fait une enquête, que nous continuerons et qui nous permettra de constituer un dossier. En cas de récidive, nous n'exposerons rien au public ; mais nous nous adresserons aux tribunaux ecclésiastiques ; nous intenterons à *notre imprudent agresseur* un procès dont pourraient sortir des *choses désagréables pour sa réputation*.

Ces insinuations malveillantes n'étaient qu'une odieuse rodomontade, et il faut tout l'orgueil, aussi antichrétien que démocratique de M. Fonsegrive, pour excuser, dans la *Quinzaine* du 1ᵉʳ novembre 1901, les insolences de M. Dabry à l'égard du vénérable Mgr Dubillard, traité de « cruel ».

D'ailleurs, M. Dabry, comme M. Naudet, s'est bien gardé, malgré « la récidive » de Mgr Dubillard, d'en référer à Rome.

M. Naudet, lui, dans un long article de quatre colonnes, n'allait pas aussi loin dans l'impertinence ; mais il répondait et il répond encore au Communiqué de Mgr de Quimper, en offrant, comme on l'a vu, gratuitement aux jeunes prêtres, par des avis renouvelés jusqu'en 1905, la *Justice sociale*, l'une des feuilles dont Mgr Dubillard a dit que « la lecture n'en peut qu'être *funeste* à la discipline ecclésiastique et à la formation du jeune clergé ».

Voici le tour de Mgr Turinaz, évêque de Nancy, — pardon, Mgr Tambourinaz, d'après les abbés démocrates : *quod audivi testor.* — On n'est pas plus insolent.

Mgr Turinaz condamne un article de *la Quinzaine*

sur *l'américanisme* et déplore les théories de M. Le Roy :
Qu'est-ce qu'un dogme ?

M. l'abbé Naudet laisse ignorer ces condamnations
et présente *la Quinzaine* comme une revue dont « on
ne saurait dire assez de bien » !

Mgr Turinaz condamne *le Sillon*, qui a été servi aux
abonnés de *l'Eglise militante*, le cinquième journal tué
sous M. Dabry, et que *la Justice sociale* a maintes fois
encensé, chaleureusement recommandé. — *La Justice
sociale* répond, nº 521 : « *Le Sillon*, maudit par Nancy,
béni par Rome » : ce qui est absolument faux ; car
Rome n'a béni que *les intentions* de cette Revue, en lui
donnant des conseils, et Mgr Turinaz en a frappé les
doctrines et l'oubli continuel « des conseils » de Rome.
L'excellente brochure de M. l'abbé Emmanuel Barbier,
Les Idées du Sillon, et *la Lettre* de Mgr Turinaz à l'auteur
n'ont que trop mis en relief les erreurs doctrinales,
sociales, politiques du *Sillon*.

Lisez cette page du docteur Lancry, toujours contre
Mgr de Nancy :

Le chœur. — Vrai, *j'enrage* (1), et il faut que ça sorte.
Mais avant de commencer, précisons bien mon rôle. Moi, je
n'écris pas pour vous édifier (2), mais pour *vous renseigner* sur
ce qu'on pense dans les milieux « éclairés », instruits dans
les sciences profanes. Et comme je suis *aussi ignorant en
théologie* (3) que le chanoine Delassus, qui n'en sait pas un
mot et qui ne l'a jamais apprise, lisez simplement tout ce
qui va suivre *à titre d'information.* Je suis le premier à
vous prévenir qu'on ne tire pas de farine *d'un sac à charbon.*

Sépulcres blanchis ! — Ce matin, dimanche de Quasimodo,
j'achète *la Dépêche* de Lille, journal conservateur, monarchiste et gallican, mais généralement très bien informé sur

(1) C'est ainsi qu'on parle dans une feuille où l'on fait appel sans
cesse à « la *mansuétude* »... des autres !
(2) On ne s'en aperçoit que trop !
(3) Pourquoi donc en parler, docteur ?

la guerre russo-japonaise, la seule chose qui me préoccupe
sérieusement parmi les nouvelles du jour.

Or, je trouve, sous la rubrique « l'incident du Bon-Pasteur
entre Mgr Turinaz et M. l'abbé Lemire », la reproduction
complaisante de la lettre *impertinente* (1) de Mgr Turinaz à
mon député, et des larmes de crocodile sur le « mauvais cas »
où s'est mis le vaillant député d'Hazebrouck.

Et *la Dépêche* se voile la face ; c'est tout à fait à contre-
cœur qu'elle se fait l'écho de cet incident « éminemment
regrettable » ; elle n'y reviendra que si l'un des deux inté-
ressés rectifie, etc., etc.

Vrai de vrai ! Comme j'aime mieux l'attitude nettement
hostile du *Journal d'Hazebrouck*, dans son numéro de Pâques,
qui blaguait méchamment M. l'abbé Lemire, ou celle nettement discourtoise du *Matin* et autres journaux « du bloc » (2).

Mais Mgr Turinaz « porte l'incident à Rome ». Donc, n'en
parlons plus, et attendons que « Rome » se prononce, puisque,
dans la mentalité des catholiques de France, « *Rome* » *a été
tout spécialement instituée et créée par Dieu pour nous dire
si deux et deux font quatre et si deux ânes et trois chameaux
font cinq bêtes* (3).

Curés et peuple. — Après tout, c'est là « incident entre
curés », ou si vous préférez incident entre « clercs ». Qu'ils
se débrouillent entre eux !

Mais moi, je suis du peuple de France, et c'est comme
membre du peuple de France que je parle.

Notez que, sur la plainte de Mgr Turinaz à Rome,
M. l'abbé Lemire s'est vu contraint, par le cardinal
archevêque de Paris, de faire à Mgr de Nancy les
excuses et les réparations auxquelles il avait droit.
Mais ni le docteur Lancry, ni la *Justice sociale* n'en ont
soufflé mot.

Encore la *Semaine religieuse* de Mgr Turinaz attaquée
dans la *Justice sociale* du 5 mars 1904. Décidément,

(1) L'impertinent, c'est vous seul, docteur.
(2) Voilà qui est entendu : les journaux « du bloc » ont une
« attitude » meilleure que les journaux monarchistes et religieux,
parlant avec respect d'un évêque !
(3) Est-ce assez insultant pour Rome ?

il est la bête noire de nos démocrates, et le docteur Lancry lui fait l'honneur de l'attaquer sans cesse.

Il n'y a plus aujourd'hui que la *Semaine religieuse de Nancy* et quelques *fossiles momifiés* dans la lecture de la *Semaine de Cambrai* et de la *Vérité française* pour condamner les jardins ou faire sur eux la conspiration du silence.

Vraiment bien singulier « l'incident de Dijon » et bien caractéristique pour démontrer le désarroi dans lequel la presse réfractaire a jeté les esprits en France. Mais, pour *singulier* et *renversant* que soit cet incident, il n'est pas, pour nous, laïques, aussi renversant que *ce scandale permanent*, dans le Nord, d'un chanoine qui depuis quinze ans déverse à jet continu l'injure, le mépris et la calomnie sur des confrères dont le seul tort est d'avoir l'esprit un peu moins *atrophié* que le sien. Mais pas moins renversant que la *Semaine religieuse de Nancy* osant, dans un *article anonyme*, imprimer que Sa Grandeur Mgr Turinaz avait condamné l'œuvre des jardins ouvriers. Hamlet disait dans sa folie : « Il y a quelque chose de pourri dans le royaume de Danemark ! » Moi, je ne suis pas fou et je ne dis nullement qu'il y a quelque chose à améliorer dans l'Église, mais il y a sûrement quelque chose à réformer chez certains catholiques.

Voici un *Post-scriptum*, 18 novembre 1905 :

P.-S. — Une bien bonne. — Vous rappelez-vous qu'en 1898, si mes souvenirs sont exacts, la *Semaine religieuse de Nancy* anathématisait les jardins ouvriers et interdisait de la manière la plus formelle à tous les prêtres du diocèse d'assister au premier *Congrès des jardins ouvriers* institué par M. le comte Malval ? et cela pour la raison (?) que les jardins ouvriers incitaient les ouvriers à travailler le dimanche.

Or, voici que le *Bulletin de la Ligue populaire pour le repos du dimanche en France* vient de publier un article où elle recommande les jardins ouvriers, *pour inciter les ouvriers à ne pas travailler le dimanche !*

Si vous croyez que je blague, vous n'avez qu'à vous procurer le Bulletin du 1er novembre 1905 au siège de la Ligue, Hôtel des sociétés savantes, 28, rue Serpente, à Paris : vous y verrez, page 281, un article intitulé « Le dimanche libre et les jardins ouvriers » !

Entre les deux publications qui soutiennent une thèse exactement opposée et nettement contradictoire, quelle est celle qui donne un *jugement judicieux ?* Si j'étais du diocèse de Nancy... mais comme je ne suis pas du diocèse de Nancy je répète le mot de Pascal : « Vérité en deçà des Pyrénées, erreur au delà. » Ça n'empêche pas que cet article m'a fait faire une pinte de bon sang.

En quoi les contradictions opposées par un *Bulletin* à la *Semaine religieuse de Nancy* diminuent-elles l'autorité de celle-ci et de Mgr Turinaz ?

Et c'est la *Justice sociale*, coupable de telles insolences envers le Pape, deux cardinaux, Mgr Dubillard et Mgr Turinaz, qui, dans son 533e numéro, appelait Paul de Cassagnac « insulteur des évêques » ! Comment ne pas dire au docteur Lancry et Cie : « Médecin, guérissez-vous vous-même. *Medice, cura te ipsum.* »

Si les bons évêques sont ainsi maltraités par le docteur Lancry, il est plein de condescendante estime pour ceux auxquels le pape Pie X a demandé leur démission, et, le 10 septembre 1904, il écrit dans la *Justice Sociale* :

Aujourd'hui qu'ils se sont soumis, j'estime plus que jamais que Mgr Le Nordez est la *victime d'un pieux imbécile*, et que Mgr Geay est la *victime d'une coterie politique.*

Conclusion logique : le Pape s'est fait l'instrument, le complice « d'un pieux imbécile » et « d'une coterie politique » !

***

En même temps que Mgr Turinaz, c'est Mgr Lorenzelli, Nonce apostolique, Mgr Monnier, évêque de Lydda, et Mgr Delassus, l'éminent directeur de la *Semaine religieuse* de Cambrai, qui ont les honneurs des plus violentes attaques de la *Justice sociale.*

Rappelons ici le Bref par lequel N. S. P. le Pape Pie X a conféré à M. le chanoine Henri Delassus, les honneurs de la prélature romaine :

A Notre cher Fils, Henri Delassus, chanoine,

PIE X, PAPE

Cher Fils, Salut et Bénédiction Apostolique,

Nous avons appris par le témoignage très explicite de l'archevêque de Cambrai que, depuis un bon nombre d'années, vous êtes directeur du périodique intitulé *Semaine Religieuse*, et que, par des ouvrages livrés à l'impression, vous avez pris la défense de l'Eglise. De plus, en accomplissant les fonctions du ministère ecclésiastique, vous avez donné d'éclatantes preuves de piété, de foi, de *doctrine*, de prudence et de sagesse.

Nous vous jugeons digne de recevoir une récompense proportionnée à d'aussi grands mérites.

C'est pourquoi, vous absolvant et vous déclarant absous, uniquement à cet effet, de toute sentence, censure et peine ecclésiastique, si, par hasard, vous en avez encouru quelqu'une ;

Par ces lettres et en vertu de Notre autorité, Nous vous créons, élisons et déclarons prélat romain, c'est-à-dire prélat de Notre maison.

En conséquence, Cher Fils, Nous vous autorisons pleinement à porter l'habit de couleur violette, et à revêtir, même en Cour romaine, le vêtement de lin à manches ou rochet, et à pouvoir user et jouir de tous les honneurs, privilèges, prérogatives, indults dont ceux qui sont revêtus de la même dignité ecclésiastique jouissent, usent et peuvent ou pourront user et jouir.

Nonobstant toutes choses à ce contraires.

Donné à Rome, près de Saint-Pierre, sous l'Anneau du Pêcheur, le 7 mai 1904, la première année de Notre Pontificat. ALOISIUS, cardinal MACCHI.

En transmettant ce Bref mémorable à son digne destinataire, Mgr Sonnois, archevêque de Cambrai, écrivait à Mgr Delassus la belle lettre que voici :

Cambrai, le 16 mai 1904.

Monseigneur et cher Directeur,

J'ai la grande joie de vous transmettre le Bref pontifical que S. Em. le cardinal secrétaire d'Etat m'avait gracieusement annoncé dans la lettre qu'il me fit l'honneur de m'écrire à la date du 15 avril dernier, et par lequel Sa Sainteté le Pape daigne vous élever aux honneurs de la Prélature.

Je suis heureux de cette promotion, parce qu'elle est, — et je tiens à le dire très haut — le témoignage de l'estime que le Saint-Siège fait de l'étendue, de la solidité et de la sûreté de vos connaissances théologiques (1) ; la récompense de votre zèle et de votre piété envers le Saint-Siège apostolique, le couronnement d'un labeur, d'un dévouement, d'une existence enfin qui ne connurent jamais la défaillance.

Travaillez sans relâche, cher Monseigneur, et ne déposez pas les armes. Les temps deviennent de plus en plus difficiles ; dans une foule d'esprits la vérité est obscurcie, la saine doctrine est travestie ; chaque jour nous entendons *émettre les opinions les plus étranges, énoncer les nouveautés les plus audacieuses, soutenir des théories absolument subversives* (2) ; on prétend s'affranchir de tout principe et de toute règle, discuter toutes choses, surtout celles qui appartiennent au domaine de la religion, *sans les avoir auparavant sérieusement étudiées* (3), et l'on sème ainsi largement le doute et l'erreur. — Il importe que le flambeau de la vérité soit tenu haut et ferme ; il importe que les règles de discipline soient vengées.

Continuez donc, Monseigneur, dans la mesure de vos forces, votre grande œuvre. Quiconque aime Jésus-Christ et son Eglise y goûtera des joies sans mélange, et tous y admireront la grandeur, la beauté, la divine harmonie de cette doctrine chrétienne, où est la lumière suprême de nos intelligences, le salut éternel des âmes, et la vie des nations. Ainsi vous mériterez de plus en plus du Saint-Siège et du diocèse de Cambrai.

(1) Voilà une attestation épiscopale, qui, avec celle du Pape, prouve que Mgr Delassus est un peu moins *ignorant en théologie* que le docteur Lancry.

(2) Ces paroles frappent en pleine poitrine la *Justice sociale.*

(3) Le docteur Lancry n'est-il pas visé directement par ces mots ?

Recevez, cher Monseigneur, la nouvelle assurance de nos sentiments les plus dévoués en Notre-Seigneur.

† M.-A. SONNOIS,
Archevêque de Cambrai.

Eh bien, voici la réponse du docteur Lancry, dans la *Justice sociale* du 14 mai 1904. On nous pardonnera de citer ces insanités : il faut les faire connaître, pour que tous les gens sensés les flétrissent.

Franc jeu ! Une tuile !! — Je suis de ceux qui jouent toujours franc jeu : la ligne droite étant le plus court chemin d'un point à un autre. Je vous ai dit dans ma dernière chronique ce que je pensais de l'*attitude*, des *procédés*, du *caractère* et de l'*ignorance* de M. le chanoine Delassus. Ce que j'ai dit, *je le maintiens*, parce que j'ai l'intime et lumineuse conviction que c'est vrai et que, quand on dit la vérité, on retombe toujours sur ses pieds.

Or, voici la tuile qui m'arrive ce jourd'hui par la poste. Pour une tuile qui me tombe sur la tête, c'est une belle tuile; c'est même une avalanche de tuiles, toute une cheminée qui dégringole et même une cheminée de fabrique. Jugez-en du reste. Voici :

Mgr Lorenzelli, Nonce apostolique. — Un de mes correspondants m'envoie une découpure du journal la *Vérité Française*, où se trouve la lettre suivante, du reste empruntée à « la mieux faite » des Semaines religieuses françaises. Je n'ai pas besoin de dire que je reproduis intégralement et complètement tout ce qui se rapporte au chanoine Delassus, n'appartenant nullement à l'école dudit chanoine, où l'on pratique artistement l'art de tronquer et de dénaturer les documents, quand ils vous gênent.

Paris, le 2 avril 1904.

MONSIEUR LE CHANOINE,

Je reçois à l'instant le numéro d'aujourd'hui de la *Semaine Religieuse* de Cambrai, et ayant aussitôt, comme d'habitude, parcouru vos pages, j'y trouve, avec une satisfaction toute particulière, le nouvel appel en faveur du Denier de Saint-Pierre.

La *Semaine Religieuse* de Cambrai mérite vraiment d'être citée à l'ordre du jour, si je puis employer une formule militaire, dans ce genre de combat pour l'indépendance et pour l'honneur du Vicaire de Jésus-Christ. Elle a toujours occupé la première place, ou plutôt elle s'est toujours trouvée en première ligne pour la cause du Saint-Siège en fait de souscriptions, non moins que dans la défense des *saines doctrines* (1) et du véritable esprit catholique.

Veuiller agréer, Monsieur le Chanoine, tous mes remerciements et les assurances de mon estime bien dévouée, ainsi que les souhaits de bonnes Pâques.

✝ Benoît Lorenzelli,
Archevêque de Sardes,
Nonce Apostolique en France.

Vive Dieu ! — Eh bien, vive Dieu et vive Dieu ! car voici, si je ne me trompe, l'occasion ou jamais de s'expliquer nettement, franchement, carrément, sur la question qui trouble un certain nombre de catholiques, à savoir « si Sa Sainteté Pie X *a oui ou non répudié la politique, les enseignements et les directions de Léon XIII...* »

Précautions oratoires. — Il va de soi que je n'entends nullement ne pas rendre à Son Excellence le Nonce apostolique tout le respect, toute la déférence et tous les hommages qui lui sont dus. Tout cela est complètement réservé et *sauvegardé* (2).

Je viens simplement dire au représentant du Saint-Siège en France (3) : Monseigneur, si le Saint-Siège, en la personne de Léon XIII et du Pontife actuellement et glorieusement régnant, ont pris la peine de parler et de s'adresser à maintes et maintes reprises à la Nation française, *c'était évidemment pour être entendus et pour être compris* (4).

Or, moi qui suis Français, qui ne suis pas plus bête qu'un autre et qui, je vous l'assure, cherche la vérité de bonne foi, je *ne comprends pas ou du moins je ne comprends plus ce que Rome nous demande, ce que Rome nous conseille.*

----

(1) Troisième témoignage autorisé en faveur de la « théologie » orthodoxe de Mgr Delassus.

(2) Vraiment ? Après « la tuile » qui précède et malgré tout ce qui suit ??

(3) Voyez l'outrecuidance de ce docteur, interpellant un Nonce, comme un des vulgaires plumitifs, ses collaborateurs à la *Justice sociale.*

(4) Quel rapport tout cela peut-il avoir avec la *Lettre* du Nonce ?

Rerum novarum. — Je suis de ceux qui n'avaient pas attendu l'encyclique *Rerum novarum*, pour reconnaître que, par exemple, dans une ville comme Dunkerque, où le cinquième de la population est inscrite au Bureau de bienfaisance, il y avait une *injustice sociale*, qu'une *amélioration de la législation* devait réparer.

Et je fus de ceux qui saluèrent avec la plus vive reconnaissance l'encyclique *Rerum novarum*, qui affirmait cette injustice sociale (1), qui l'analysait, qui en indiquait les remèdes.

Or, toutes les félicitations du monde adressées à M. le chanoine Delassus ne peuvent prévaloir contre ce fait patent, manifeste, évident pour tous ceux qui sont les compatriotes de M. le chanoine Delassus, *que jamais, au grand jamais, la Semaine religieuse de Cambrai n'est entrée même si peu que ce soit dans l'esprit de l'encyclique Rerum novarum.* Et la preuve que je suis en plein dans la vérité en parlant ainsi, c'est que je mets au défi M. le chanoine Delassus de dire le contraire.

Bien plus ! — Naturellement, M. le chanoine Delassus n'a pas été assez maladroit pour dire et écrire sa pensée, à savoir *que Léon XIII n'était qu'un démagogue.* Mais sa tactique claire, nette, évidente, a été la suivante :

1° Faire la conspiration du silence sur Léon XIII et son encyclique.

2° Écraser *par tous les moyens* ceux qui essayaient — pas toujours très-heureusement, je le reconnais — de s'inspirer de cette encyclique.

Et c'est alors que nous avons vu cette *lutte sauvage, fielleuse, suintant la haine et l'envie* de la *Semaine de Cambrai* tout particulièrement contre les abbés Lemire et Naudet.

Alors que tout écrivain qui se respecte s'impose des bornes, celles de la vérité, de la justice, de l'équité, de la franchise, qu'en aucun cas *il n'est permis de dépasser*, il semble vraiment, et c'est la supposition la plus charitable, que M. le chanoine Delassus se soit dit que la fin justifiait les moyens et que, pour écraser les infâmes, tout, mensonges, *calomnies, perfidies,* citations tronquées, pensées ou paroles dénaturées de leur contexte, était permis.

(1) On a vu plus haut qu'il n'en est rien.

Voilà pourquoi, moi à qui M. le chanoine Delassus est personnellement indifférent (1), je considère que la *Semaine religieuse* de Cambrai *ne mérite pas le titre de publication catholique*. Non seulement elle n'a pas les *vertus chrétiennes*, mais elle saute à pieds joints sur les *vertus humaines* les plus élémentaires : la franchise et la loyauté.

Mais, faisant abstraction de ces procédés et examinant sa mentalité, il en résulte clairement, nettement, lumineusement, que jamais au grand jamais M. le chanoine Delassus n'a reconnu l'encyclique *Rerum novarum*.

Première conclusion. — Etant donné d'une part cette attitude de M. le chanoine Delassus vis-à-vis l'encyclique *Rerum novarum* ;

Etant donné d'autre part, la lettre de chaleureuses félicitations écrite à M. le chanoine Delassus (2) :

Que dois-je conclure, moi, vulgaire citoyen français, qui suis un simple, ce qui ne veut pas dire un imbécile ?

Mais il m'est impossible de ne pas conclure autrement que ceci : Le Pape Léon XIII décédé s'est trompé : c'était le chanoine Delassus qui avait raison ; considérons donc comme nulle et non avenue l'encyclique sur la condition des ouvriers. ⁻

La question politique. — Ce n'est un mystère pour personne qu'à maintes et maintes reprises Léon XIII a rappelé aux catholiques français que c'était un *devoir* (3) d'admettre loyalement et sans arrière-pensée la forme légitime du gouvernement que la Nation s'est donné, c'est-à-dire la République.

Et ce n'est un mystère pour personne que M. le chanoine Delassus a pratiqué vis-à-vis les directions politiques de Léon XIII *exactement la même attitude, et la même tactique* que vis-à-vis l'encyclique *Rerum novarum*.

Je ne crois pas avoir besoin de développer et de prouver ces deux affirmations, que M. le chanoine Delassus lui-même

____

(1) Eh ! quoi ! « Indifférent », un homme que vous agonisez d'injures, que vous venez d'appeler « sauvage, fielleux, suintant la haine et l'envie » ?? Et vous allez le traiter de « Tartuffe, de chenille, d'âne ». Vous le « combattez depuis treize ans » !

(2) Voilà le nonce, Mgr Lorenzelli, mis en contradiction avec le Pape.

(3) Non, pas un *devoir*, pas un *ordre*, un conseil seulement.

ne démentira sûrement pas.. C'est son orgueil, à lui, de croire qu'il a été plus clairvoyant que Léon XIII.

Or, il est certain qu'aujourd'hui, en présence des affreuses proscriptions catholiques, opérées par les loges maçonniques sous le masque de la République, beaucoup de catholiques sincères en arrivent à douter de l'excellence des directions politiques de Léon XIII.

Deuxième conclusion. — Et alors, moi qui ne suis qu'un vulgaire catholique, je me fais le raisonnement suivant qui, assurément, ne pèche pas par le manque de logique :

Etant donné, d'une part, que Léon XIII a recommandé et insisté sur l'acceptation loyale et sans arrière-pensée de la forme du gouvernement républicain ;

Etant donné, d'autre part, que la *Semaine religieuse* de Cambrai s'est toujours fait gloire de combattre la République et de vanter la Monarchie ;

Etant donné que Léon XIII est mort et que S. E. le Nonce à Paris félicite le chanoine Délassus, champion de la Monarchie,

Il doit nécessairement y avoir un changement de direction dans la politique romaine... à *moins toutefois que le Nonce se trompe* (1).

Perplexité. — Oui, ou bien Sa Sainteté Pie X fait machine-arrière sur les directions de Léon XIII (2), ou bien *le Nonce se trompe* en félicitant et en faisant « distinguer » M. le chanoine Delassus.

Bon sens et Elections. — Or, comme je ne puis pas aller voir à Rome si, en félicitant M. le chanoine Delassus, S. E. le Nonce s'inspire bien de la pensée du Saint-Siège, j'aime mieux tout simplement *regarder autour de moi.* Ça tombe justement bien, c'est jour d'élections municipales.

La situation dans le Nord. — Il y a dans le Nord, comme partout du reste, trois grandes forces électorales : 1° Le parti conservateur, comprenant les bourgeois craignant pour leurs écus et les catholiques ; 2° Le parti anticlérical, comprenant la bourgeoisie voltairienne, fonctionnarisée et la loge maçonnique ; 3° Les forces ouvrières, qui tiennent à la Répu-

---

(1) Et voilà tout le respect, toute la déférence et tous les hommages promis à Son Excellence le Nonce apostolique !!!

(2) Il en aurait certainement le droit.

blique, parce que c'est pour elles non seulement un idéal de justice et de liberté, mais aussi le levier nécessaire et indispensable pour arriver à une plus grande justice sociale.

Dans les villes conservatrices. — Or, dans les petites villes où la municipalité était conservatrice, à Dunkerque, à Hazebrouck, à Gravelines, l'alliance s'est faite entre les ouvriers et la bourgeoisie voltairienne, et le succès des Voltairiens socialistes a été salué du cri de ralliement : « A bas la calotte ! »

Pourquoi, à bas la calotte ? Mais, tout simplement parce que la calotte du chanoine Delassus et de tous ceux qui s'orientent sur *sa Semaine* est *le trait d'union de tous les adversaires de la République* (1).

Dans les grandes villes. — Et pendant que ceci se passe dans les villes de seconde importance, on voit dans les grandes villes, comme Lille, Roubaix, Tourcoing, Armentières, Valenciennes, la République libérale combattre avec honneur et succès la république anticléricale, au cri de : « Vive la République ! vive la liberté ! à bas les proscripteurs ! » En d'autres termes, si, à Dunkerque, à Hazebrouck, à Gravelines, les municipalités qui vont à la messe avaient nettement suivi la politique de Léon XIII, en adoptant franchement la République et en s'occupant d'améliorations démocratiques, il arriverait ceci :

C'est au cri de : « Vive la République ! à bas les proscripteurs ! » qu'elles soutiendraient victorieusement la lutte.

Tandis qu'avec les Directions de M. Delassus, c'est au cri de *Vive la République ! à bas les réactionnaires ! à bas la calotte ! à bas les hypocrites !* que ces mêmes municipalités, pourtant composées de personnes très honorables et d'excellents administrateurs, sont combattues et *victorieusement* combattues (2) !

---

(1) Pas du tout ! C'est simplement parce que « bourgeois voltairiens » et « voltairiens socialistes » sont également anticléricaux, aussi anticléricaux que républicains.

(2) Erreur profonde ! En combien de villes et de villages les ralliés, les libéraux, les républicains modérés, ne sont-ils pas vaincus par les radicaux et les socialistes, qui les traitent de « calotins », de « jésuites » ? Les journaux du 12 décembre, la *Croix* en particulier, disaient que l'élection de M. Fort, socialiste non unifié, avait été saluée à la Croix-Rousse (Lyon) par les cris de : « A bas la calotte ! »

Croyez-vous que le docteur Lancry ait expectoré toute sa bile dans cette diatribe ? Vous vous tromperiez. C'est une vraie poche à fiel démocratique. Le 21 mai 1904, notre docteur recommence et de plus belle.

Il trouve, dans un seul numéro de la *Semaine de Cambrai*, qu'il « s'interdit de lire pour ne pas mourir dans la peau d'un anticlérical », « deux âneries qui font monter la honte au front » : la première sur le chant grégorien ; la seconde doublée d'une méchanceté.

M. Delassus ayant reproché à M. l'abbé Lemire d'avoir voté les 450,000 francs alloués à M. Loubet, pour aller à Rome donner, en quelque sorte, un soufflet au Pape, le docteur Lancry tombe à bras raccourcis sur M. Delassus : « *Tartuffe*, va ! *Tartufferie* de style, » etc. C'est à le croire épileptique... Ménagez-vous, docteur, soignez-vous, et ne lisez plus la *Semaine de Cambrai*.

Enfin, il termine ainsi :

Eh bien, vous aurez beau « distinguer » M. le chanoine Delassus tant que vous voudrez ; vous aurez beau le féliciter tant que vous voudrez ; vous aurez beau dire que sa *Semaine* est « la mieux faite » des *Semaines* françaises

Moi, Lancry, bon Français et honnête homme, je dirai, je répéterai et je maintiendrai : Des « saintes gens » de cet acabit... là ?... *J'aime mieux des diables !*

P.-S. — Je relis ma prose : elle est un peu roide ! Eh bien ! tant pis et je m'en f...iche (1) ! Croyez-vous que si j'ai passé cette belle après-midi de dimanche à griffonner du papier au lieu d'aller à la campagne, c'est pour ne pas dire ce que je pense ? Ce que je dis a besoin d'être dit, parce que tout le monde le pense. Si je me trompe, qu'on me le prouve.

Le 14 janvier 1905, la *Justice sociale* ose écrire : « La *chenille* Delassus ! »

—————

(1) Le docteur Lancry veut décidément enfoncer le citoyen Mesureur, célèbre par son « Je m'en fous ! »

Il nous répugne, assurément, de citer cette prose, qui veut être spirituelle et qui n'est que grossièrement insultante, indigne, pour le fond et la forme, d'un catholique. Il faut, pourtant, faire lire encore l'article suivant de la *Justice sociale* du 23 septembre 1905, où le docteur Lancry, après avoir exécuté Mgr Delassus, Mgr Monnier, Mgr Sonnois (1), ose donner ses conseils au Pape : *Ne, sutor, ultra crepidam !*

Quinze évêques à nommer. — On me rendra cette justice que, depuis treize ans que j'écris dans la *Justice sociale* et que je combats le chanoine Delassus, je n'ai jamais fait intervenir S. G. Mgr Monnier, par respect pour le coadjuteur de mon archevêque. Mais devant la gravité de la situation actuelle, devant l'importance du choix des prochains évêques, je considère comme un devoir de parler clair. Il faut qu'on sache que jamais, sans l'appui constant de Mgr Monnier, évêque non concordataire, le chanoine Delassus n'aurait pu faire les campagnes antirépublicaines et antisociales dont sa *Semaine* est remplie. Et je l'avoue très franchement, si j'ai pu *houspiller* (2) parfois la *Semaine de Cambrai* comme je l'ai fait, c'est parce que je savais pertinemment que je n'avais rien à craindre *de mon archevêque* et que le coadjuteur de mon archevêque était, en sa qualité d'évêque non concordataire, dans une situation très fausse pour intervenir personnellement.

Vous voyez que, comme toujours, je parle carte sur table et sans la moindre réticence (3).

Conclusions. — Demain, les hautes personnalités catholiques françaises seront consultées par le Saint-Siège pour le choix de quinze nouveaux évêques.

Tous les monarchistes, tous les conservateurs, et généralement ce sont eux qui approchent le plus facilement le haut clergé, parce qu'ils versent abondamment pour les œuvres,

---

(1) On a lu plus haut la lettre élogieuse de Mgr Sonnois à Mgr Delassus : le Dr Lancry s'abuse donc sur le vénérable archevêque, en disant qu'il désapprouve Mgr Delassus.

(2) Le docteur avoue tout de même ses « impertinences ».

(3) Pardon ! sans la moindre « déférence » pour l'autorité épiscopale.

feront campagne pour avoir quinze nouveaux évêques partageant la *mentalité de NN. SS. Turinaz, évêque de Nancy et Monnier, évêque de Lydda.* Si ces influences l'emportent, c'est pendant vingt ans encore la guerre intérieure et peut-être *l'effondrement de la France.*

Figurez-vous, au contraire, que demain le Saint-Siège choisisse nos quinze futurs évêques parmi les démocrates chrétiens. Voilà en France quinze évêques, connus et aimés des fidèles ; voilà quinze évêques, estimés et appréciés des incroyants par leur haute valeur intellectuelle (1) ; voilà les ministres, convaincus tout au moins dans leur for intérieur, qu'ils n'auront plus d'opposition irréductible que sur le seul terrain religieux et dogmatique ; voilà l'adhésion sincère et loyale à la forme du gouvernement obtenue du clergé français. Voilà quinze évêques d'une mentalité générale identique et marchant à l'unisson ; voilà un pas énorme fait vers la pacification du pays.

Et alors, qu'il survienne un gouvernement relativement modéré, il y a possibilité pour lui de sortir de cette ornière de l'anticléricalisme, où nous nous embourbons depuis vingt ans.

Le vote de la séparation des Eglises et de l'Etat vient de montrer au docteur Lancry que le gouvernement républicain veut « s'embourber » encore davantage dans « l'anticléricalisme », malgré la « neutralité » des évêques, dont aucun n'a jamais attaqué la République.

Le *Livre Blanc* du Saint-Siège arrive à point pour donner au Dr Lancry le démenti le plus catégorique :

« ... L'épiscopat accepta, dit ce *Livre*, et suivit, comme on devait s'y attendre, les directions pontificales... On en peut dire autant du clergé séculier qui, dans sa généralité, fut obéissant à la parole du Pape et des Evêques. M. Waldeck-Rousseau en témoignait lui-même dans son discours du 17 décembre 1901, à la Chambre des Députés. Finalement, parmi les laïques eux-mêmes, le mouvement d'adhésion à la Répu-

(1) Il suffit donc d'être « démocrate chrétien » pour avoir « une haute valeur intellectuelle » ? On ne s'en douterait pas, en lisant Lancry, Dabry, Naudet et Cie.

blique s'accentua. Tous ceux qui étaient hostiles à la République, uniquement parce qu'ils la croyaient incompatible avec le catholicisme, l'acceptèrent volontiers, sans pour cela en approuver toutes les lois. » — M Constans reconnaissait ces résultats dès le 4 juin 1893, dans son discours de Toulouse.

Il est donc « bien peu fondé, le reproche fait à l'Eglise d'attaquer systématiquement la République »…. C'est la conclusion du chapitre VI° : « Les adversaires de l'Eglise usent d'un sophisme trop évident. Ils identifient arbitrairement la République avec leurs doctrines et leurs lois antichrétiennes, et si l'Eglise ne les accepte pas, ils l'accusent d'opposition systématique à la République, et en prennent prétexte pour de nouvelles violences. »

Comme si ce n'était pas assez des précédentes leçons données au Pape, le docteur Lancry y revient le 26 octobre 1905, et en termes d'un atticisme exquis, on en jugera :

La question des seize évêchés. — Et puisque la question des quinze évêchés telle que je vous l'ai traitée ici — et non pas telle que la répète le chanoine Delassus — *a tant ému* ce brave homme et ses amis (1), je me permettrai d'y revenir et de bien préciser ma pensée.

J'estime, comme catholique et comme citoyen français, avoir le droit d'exprimer le respectueux désir d'avoir des évêques d'une telle mentalité politique et de telle mentalité sociale plutôt que de telle autre.

Je dis donc que la situation est grave, et, m'adressant à ceux des membres de l'épiscopat français qui voudront bien lire ces lignes et qui seront assurément consultés par le pape, j'exprime l'opinion suivante que je donne *pour ce qu'elle vaut*, mais à qui personne ne pourra refuser la qualité d'être absolument désintéressée (2).

Je considère que ce serait *une calamité pour la France* de choisir les nouveaux évêques parmi les prêtres qui par-

---

(1) Il y avait vraiment de quoi « s'émouvoir ».

(2) Non, certes, elle n'est pas « désintéressée » : elle est dictée par un républicanisme outrancier et injurieux, on va le voir, pour Mgr Turinaz et Mgr Monnier, dont la mentalité politique et sociale « *est une calamité pour la France !* »

-tagent *la mentalité politique* et *la mentalité sociale de S. G. Mgr Turinaz ou de S. G. Mgr Monnier*, évêque de Lydda, parce que tout me fait penser que les prêtres ayant cette mentalité voudront retourner en France par l'isthme de Suez et non par San Francisco (??).

*
* *

Voulez-vous savoir comment le docteur Lancry, M. Naudet et M. Noël Dossemond traitent les *Semaines religieuses* en général et la *Semaine religieuse* de Paris en particulier? Lisez les articles du 8 avril et du 21 avril 1905 :

La *Semaine religieuse* de Paris, du 21 mars 1905, disait :

Aussi bien nous n'allons guère avec les gens de plume qui écrivent des *couplets* dans le genre de celui-ci :

« Evidemment nul ne songe à contester que le Pape, autorité suprême, ne soit juge en dernier ressort, quand il s'agit, — et c'est ici le cas, — des intérêts généraux de l'Eglise. *Toutefois*, il ne faut pas oublier que l'Eglise, ce n'est pas le Pape, ce ne sont pas même les Evêques et les Curés unis au Pape. L'Eglise, c'est la société des chrétiens, c'est le Pape, ce sont les Evêques, ce sont les Curés, c'est vous, c'est moi, c'est nous tous ; et vouloir interdire à l'Eglise de s'occuper de ses intérêts, sous prétexte qu'elle est hiérarchique et qu'elle a un pouvoir suprême, paraît aussi *inacceptable* que de vouloir défendre aux marins de parler des bateaux, parce que rue Royale il y a un ministère de la Marine ; c'est vouloir défendre aux Français de parler des intérêts de la France, parce que nous avons un gouvernement.

« Gardons-nous bien de confondre l'Eglise avec la hiérarchie. Sans doute, cette hiérarchie, divinement instituée, détient l'autorité législative et exécutive ; mais elle n'est pas toute l'Eglise, n'étant pas toute la société.

« De plus, n'oublions pas que nous avons des droits de citoyens, et que c'est sur la masse des citoyens français que rejailliront d'abord les conséquences de la séparation. Ce seront *nos* (ainsi souligné) droits qui pourront être violés ; ce seront *nos* consciences qui pourront être tyrannisées ; ce seront *nos* bourses qui pourront être épuisées, etc. Vouloir nous défendre de nous préoccuper effectivement de tout cela, pour nous confiner dans le rôle de victimes silencieuses, dépasse, ne vous semble-t-il pas ? les bornes de ce qu'on peut honnêtement demander. *(Justice sociale* du 21 mars 1905.)

Tristes paroles, sans doute, *et qui sonnent mal,* — fort mal, — à des oreilles vraiment catholiques. Et je plains ceux qui osent ainsi troubler par d'imprudentes déclamations, la confiance des soldats dans la prudence de leurs chefs et de leur dévouement.

...Ce sont les bons serviteurs qui font les bons maîtres, et les bons soldats les meilleurs chefs.

Du jour où ceux-ci nous diront ce qu'ils attendent de nous, alors nous marcherons de l'avant : *nous ne devons faire autre chose que de leur en renouveler l'assurance.*

Faisons provision d'énergie et de sainteté. Le moment viendra, hélas ! trop vite, où il sera nécessaire d'en beaucoup dépenser.

Le *Siècle* avait vu là « un germe de divisions plus graves, auxquelles l'Eglise de France paraît difficilement pouvoir se soustraire ».

Or, répondait M. Naudet, le 8 avril 1905, que le *Siècle* se rassure, il n'y a là aucun germe de division ; rien n'est officiel dans cette littérature, œuvre d'un anonyme *d'étroit cerveau et d'âme fuyarde ;* c'est à lui seul que nous répondons (à lui et à son « patois de Chanaan »). Et je suppose, que l'âme si française et si sacerdotale du vieil archevêque a dû être indignée (1) de voir comment le « *Gens de plume* » de la *Semaine* comprenait ses intentions. Pour nous, l'action catholique est autre chose ; et si nos paroles sont « *tristes et sonnent mal* », le son qu'elles rendent n'est pas du moins *un son de monnaie :* chacun sonne selon ses aptitudes et fait comme il peut.

(1) Elle a dû être « indignée » surtout de voir un prêtre traiter ainsi un autre prêtre et la *Semaine religieuse* de Paris.

On n'est pas plus insolent, à moins qu'on ne s'appelle Lancry et qu'on n'écrive le 21 avril les insanités suivantes :

Semaine religieuse de Paris. — Avez-vous lu l'échange de prose entre la *Semaine religieuse de Paris* et la *Justice sociale* dans le dernier numéro de celle-ci ? — Je croyais que la *Semaine religieuse de Paris*, était un journal sérieux, à en juger par le seul numéro que j'en aie jamais lu. Il est vrai que c'était celui qui contenait la lettre approbative du cardinal Richard au Congrès des jardins ouvriers. Cet échange de prose — ça ne me paraît pas mériter le nom de polémique — m'a suggéré quelques réflexions que je vous demande la permission de vous soumettre.

Quelques réflexions. — Est-ce que vous n'êtes pas frappés d'une manière générale, de ce fait que la *Semaine de Paris* comme la plupart de ses consœurs s'appelle la *Semaine religieuse* ? — *Semaine religieuse* ; quoi, religieuse ? Quelle religion : la latine, la grecque, la copte, la russe, la protestante ? Ou bien veut-on signifier par là qu'on s'occupe seulement de choses de piété et nullement *de doctrine ?* Voyons, pourquoi pas Semaine catholique ? Est-ce que le mot catholique est trop vaste, trop lourd, trop démodé ? (1) — Vous me direz peut-être que je soulève une question de mots ? Parfaitement, car plus je vis, plus je suis frappé de l'extrême importance des mots.

Seconde réflexion. — Est-ce que vous n'êtes pas frappés d'une manière générale, de la *formidable nullité et de l'incommensurable insignifiance* (2) de la plupart de nos *Semaines religieuses ?* On n'a donc pas d'hommes dans le clergé ? Il est vrai que nous faisons des facultés de théologie, où l'on doit apparemment *interdire aux séminaristes intelligents de se*

---

(1) Non ; mais, comme 36 millions de Français sont catholiques, *Semaine religieuse* en France veut dire *Semaine catholique* ; les autres religions ne comptent guère, ou n'ont pas de *Semaine religieuse.*

(2) Voilà pour vous, Messieurs les Directeurs de *Semaines religieuses !* S'il y en a parmi vous, — et il y en a, — qui lisiez et recommandiez la *Justice sociale*, vous voyez comment elle vous en récompense, en parlant de votre « formidable nullité » et de votre « incommensurable insignifiance » ! « Platitude niaise », dirait Dabry.

faire inscrire (1). La preuve, c'est que la faculté de théologie, pour trouver un cinquième docteur en théologie depuis vingt-cinq ans, a dû décerner un diplôme au chanoine Delassus, et encore en le dispensant de tout examen, *attendu qu'il ne serait même pas capable de passer le premier.* Voyons, il faudrait tâcher d'être logique avec soi-même. Vous nous demandez de l'argent pour faire des facultés de théologie, et vous semblez user de tous vos moyens pour *empêcher tout clerc intelligent d'y faire des études !*

Troisième réflexion. — Ne trouvez-vous pas qu'elle est très curieuse cette mentalité du « gens de lettre », ainsi que le patron caractérise cet illustre *anonyme ?* Ma foi, qu'un imbécile quelconque ait la vanité de voir sa prose imprimée, c'est un fait fort vulgaire et qui ne mérite pas qu'on s'y arrête. Mais cet *anonyme* a été accueilli par la direction et par la rédaction ; donc il représente *la mentalité* tout au moins d'un certain nombre !

Et cette mentalité, très naïvement exposée, consiste en ceci : « Trouvons de l'argent pour nos œuvres et faisons nos pratiques de piété. »

Eh bien, ma parole, cet illustre *anonyme* m'a mis du baume dans le cœur. Ah ! tout notre rôle consiste à trouver de l'argent ! Mais voilà, et j'y suis : je m'explique maintenant qu'on mette *un bonnet doctoral sur une paire d'oreilles d'âne* (2) !

Quatrième réflexion. — Ne trouvez-vous pas que, même chez nous, on use vraiment trop facilement de l'anonymat dans des circonstances analogues à celles dont il est ici question ? Et vous tous qui êtes supérieurs ou professeurs de séminaires, de collèges ecclésiastiques, de pensionnats, etc., etc., je voudrais que vous inculquiez bien ce principe à tous vos pupilles :

Ne jamais faire ce qu'on ne peut pas dire. — Ne jamais écrire ce qu'on ne peut pas signer (3).

(1) A-t-on l'idée d'une telle insolence à l'égard des cinq « facultés catholiques de théologie », Paris, Lille, Angers, Lyon et Toulouse ? C'est Lille surtout qui est ici visé.

(2) « La chenille Delassus » est devenue « une paire d'oreilles d'ânes » et la faculté de théologie de Toulouse un moule à « bonnet doctoral pour les ânes !

(3) Pourquoi, dès lors, tant d'anonymes et de pseudonymes à la *Justice sociale ? Trois Étoiles, Trois XXX, Noël Dossemond, Morien,* etc., etc. ?

Si tous, vous démontrez bien ce double principe à tous vos élèves, le « gens de lettre » et la *Semaine religieuse de Paris* auront réellement rendu service par la « gaffe » qu'ils ont faite.

Lisez encore cet entrefilet du 21 février 1905, où M. l'abbé Naudet lui-même est obligé de défendre M. Noël Dossemond contre « une protestation d'un vénérable prêtre » :

Ah ! les *Semaines religieuses !* Si vous saviez *le mal qu'elles nous font,* en entretenant dans le cerveau des pieux fidèles tant d'extraordinaires idées !...

Avez-vous connaissance au moins que la *Semaine religieuse* ait inséré la rectification ?

Mais non. Nous nous rappelons avoir lu à ce sujet quelque vague explication dans le journal de M. Auguste Roussel ; mais M. Delassus ne paraît pas s'être départi de ses louables habitudes, de ne jamais revenir sur une calomnie ou sur un mensonge.

Il s'agit, bien entendu, de la *Semaine religieuse* de Cambrai.

*
* *

Si les cardinaux, les évêques, les prélats, les *Semaines religieuses* sont si lestement, si violemment traités par la *Justice sociale*, que doit-ce être du commun des mortels, prêtres ou laïques, qui ont le malheur de ne pas penser comme M. l'abbé Naudet, M. l'abbé Dabry, Noël Dossemond, Tartelin, Trois Étoiles, Trois XXX et Cⁱᵉ ?

La Justice Sociale incrimine surtout la *presse catholique* en général, le *clergé* et les *Grands Séminaires,* d'où viendrait à peu près tout le mal, à l'heure actuelle.

Voici d'abord la *presse catholique,* accusée en règle par un certain Jean Plémy, *Justice Sociale* du 16 novembre 1905, article *Mauvaise tactique :*

J'ai la prétention d'être catholique, et même catholique pratiquant ; mais, j'avoue que j'éprouve toujours quelque malaise à la lecture des journaux qui ont pour spécialité de défendre ma religion. J'en suis presque à regretter que ce ne soit pas chez nous comme en Amérique, où, paraît-il, *il n'y a pas de journaux religieux*. S'il faut en croire M. l'abbé Klein qui, dans un ouvrage très intéressant, nous a raconté son dernier voyage dans les principales villes des États-Unis, si la paix religieuse règne là-bas, si le catholicisme y est non seulement respecté, mais honoré, si les conflits n'y sont connus que dans la mesure où cela est inévitable à la faiblesse humaine, c'est qu'il n'y a pas de journaux qui prennent à tâche de *brouiller tous les matins la religion avec tout le monde !!!* (1).

Ainsi, je suis fâché de l'écrire, mais il semble que depuis que la séparation des Églises et de l'État est devenue la question la plus aiguë du jour, *nos journaux catholiques s'appliquent à prendre les choses plus à l'envers que jamais.*

Seraient-ce donc les journaux « blocards » qui prendraient les choses du bon côté ? On croit rêver, en lisant de pareilles billevesées dans une feuille qui se dit catholique.

Et « la crise religieuse », savez-vous quelle en est la cause ? *La Justice Sociale* du 29 juillet va vous la dire. Ce n'est pas vingt-cinq ans de gouvernement sectaire, athée, maçonnique : oh ! non ; ce sont « les catholiques ». Lisez :

Il est impossible de se faire illusion. La France traverse la crise religieuse peut-être la plus redoutable qu'elle ait connue dans son histoire. On rompt de plus en plus l'unité de la foi, et l'abîme se creuse chaque jour entre les restes des vieilles croyances et l'orientation de la pensée moderne.

Il est bon de signaler le mal et de pousser le cri d'alarme ; mais il est plus méritoire de remonter à son origine et d'en rechercher les causes. *Les catholiques sont-ils pour quelque*

____

(1) Est-ce que la *Justice sociale* ne fait pas partie de cette « presse catholique » qu'elle maltraite ? Si elle s'en exclut, tant pis pour elle !

chose dans ce désarroi, et en sont-ils jusqu'à un certain point responsables ? La réponse n'est pas douteuse, pourvu que l'on fasse un sérieux examen de conscience.

Trois causes ont produit la crise religieuse dont nous sommes témoins. Il sera facile de constater que, dans ce triple domaine les catholiques, non seulement n'ont pas été à la hauteur des circonstances, mais se sont de plus efforcés d'enrayer le mouvement qui emporte les sociétés modernes. A toutes les aspirations de la conscience contemporaine *ils ont opposé leurs préjugés séculaires et leurs théories surannées* (1).

Lisez encore cette tartine, sous le titre *Couverts de ridicule :*

Le fait est indéniable : *les catholiques français ont perdu la bataille.* Ils ont, pour la plupart, profondément ignoré et quelques-uns honteusement méprisé leur temps. Ils se sont couverts de ridicule aux yeux, non seulement des anticléricaux, mais aussi de leurs frères d'outre-France, qui osent à peine plaindre leurs malheurs.

Le *Livre Blanc* du Saint-Siège dément, avec une autorité péremptoire, ces assertions calomnieuses et montre que tout le mal vient du gouvernement sectaire et maçonnique.

*
* *

Voulez-vous voir maintenant les responsabilités du *clergé* contemporain ? *La Justice Sociale* du 28 janvier 1905 les précise à sa façon, sous ce titre *Devoir social :*

Ce n'est pas parce qu'il y a des prêtres, des magistrats, des patrons, des propriétaires, que le peuple souffre, mais parce que *ces prêtres n'enseignent pas assez l'Evangile* (2) que les magistrats ne jugent pas assez selon l'équité, les patrons

-----

(1) Ce ne sont ni des « préjugés », ni des « théories surannées » que les croyances séculaires et invincibles des catholiques.

(2) Ils le prêcheraient encore moins, s'ils écoutaient M. Naudet. « secouant la routine d'autrefois », comme on va le voir.

n'ont pas assez de souci des ouvriers, les propriétaires pas assez des pauvres. Et cela est ainsi, non parce qu'ils seraient foncièrement mauvais, mais parce qu'ils appartiennent à des classes ou désorganisées, ou contrariées dans leur organisation, ou organisées suivant de faux principes.

La Justice sociale du 19 août 1905 insiste encore :

L'Évangile est, tout particulièrement, le Catéchisme des humbles et des petits. Jésus a été le maître populaire par excellence ; son cœur s'attendrissait profondément sur les misères et les souffrances du pauvre et du délaissé. S'il s'est quelquefois permis des paroles de récrimination, ç'a été contre les riches et les puissants. Le jour où il nous apprit à dire : « Notre Père », il posa les bases de l'égalité des hommes, et lorsqu'il apostropha avec véhémence les oppresseurs de la veuve et de l'orphelin, il posa celles *du vrai Socialisme* (1). Les ecclésiastiques n'auraient dû jamais perdre de vue les enseignements de Jésus ; malheureusement, il n'en fut pas ainsi. *La grande faute du clergé français après la Révolution a été plus sociale que politique.* Beaucoup d'ecclésiastiques n'ont eu, pour les riches, que des faiblesses et parfois des ménagements. On se jeta entre leurs bras et l'on devint leur *prisonnier.* Et comme les riches, par atavisme, par crainte ou préjugés, ne sont pas très sympathiques aux pauvres (2), le clergé fut amené, par la fatalité des circonstances, à marcher dans ce sillage et à se *désintéresser plus ou moins des masses*, sur lesquelles Jésus avait versé des larmes de douleur.

Si M. l'abbé Naudet réussit dans ses conférences populaires, c'est uniquement parce qu'il a secoué « la routine d'autrefois », grâce à laquelle, dit-il dans *la Justice Sociale* du 11 février 1905, ses paroles n'auraient pas porté, et ses arguments auraient été à côté :

(1) Léon XIII a montré qu'il n'y a pas de « vrai socialisme », et que le socialisme est une erreur très dangereuse. (Encyclique *Rerum novarum.)*

(2) C'est précisément pour avoir des ressources, en faveur des pauvres et des écoles populaires chrétiennes, que le clergé français a fréquenté « les riches », comme Notre-Seigneur fréquentait « le château » de Lazare, de Marthe et de Marie-Madeleine, et dînait chez Simon le lépreu.

Et si j'ai l'impression qu'il n'en a pas été tout à fait ainsi, c'est que, depuis quelques années, j'ai repris à fond l'étude de ma foi de chrétien, travaillant à en établir les bases, et à en construire l'édifice, non avec *la mentalité moyennageuse qui est celle de notre théologie officielle*, mais avec la mentalité moderne et dans la constante préoccupation de chercher la meilleure manière d'exposer notre dogme et d'en développer les preuves aux hommes de ce temps ?

Que si vous trouvez trop peu « modestes » de tels aveux, *la Justice Sociale* de 1904, nº 594, vous apprendra, par l'organe de M. Bœglin, qu'il « y a trop de modestie dans les prêtres » (Est-ce possible après *le Discite a me quia mitis sum et humilis corde* ?) et « trop peu d'initiative ».

La Justice Sociale de 1904, nºˢ 575, 576, 577, a mené contre les Grands Séminaires toute une campagne, qu'elle-même résume ainsi, dans la *Table des matières*, janvier 1905 :

Séminaires. — Désagréable dimanche. Mauvais procédé d'instruction religieuse. *Trop de messes.* — A Dieu, le cœur et l'esprit ? La méconnaissance du Christ. — Défenseur ignorant. Défenseur impuissant. Défenseur mécontent. *Tradition et routine.* — Professeurs prêtres pour mythologie. Qu'il faut : Repos religieux et joyeux du dimanche. Cours agréables de religion, actifs, controversés. — Encore le dimanche joyeux ! *Professeurs incapables*, spécialistes de cours religieux. — Soldats du Christ.

N'est-ce pas là une critique aussi injuste que regrettable et une usurpation flagrante du rôle des évêques, seuls juges des réformes à faire dans leurs Grands Séminaires ?

***

M. l'abbé Charles Maignen, prêtre de Saint-Vincent-de-Paul, auteur des livres *Le Père Hecker est-il un saint?* et *Nouveau Catholicisme et Nouveau Clergé*, a été pendant six ou sept ans traîné sur la claie de la *Justice sociale*, 1897-1904.

Que lui a-t-on répondu ? Rien, absolument rien, ou plutôt : « Réfractaire ! » Encore : « Réfractaire ! » Toujours : « Réfractaire ! » Ou bien en 1904, n° 540 : « Fouetté, content !!! » — Et le « réfractaire fouetté » voyait quand même ses idées triompher par la *Lettre* du Pape au cardinal Gibbons et par la déconfiture de l'américanisme. Raison de plus pour que les « américanisants » de la *Justice sociale* lui en voulussent davantage, comme à Mgr Delassus.

L'*Anjou* est accusé de *sophisme*.

Le *Nouvelliste* de Lyon, le grand journal catholique du Sud-Est, se voit traité « de feuille où l'on injurie à bouche que veux-tu ».

La *Dépêche*, de Lille, « aux larmes de crocodile » ; l'*Indépendant*, de Saint-Omer, subissent les injures du docteur Lancry, qui leur préfère, on l'a vu p. 135, le *Matin* et « les journaux du bloc ».

La *Croix* de Paris, pour laquelle le Dr Lancry voulait entreprendre « une croisade de prières », est ainsi tancée par le même Docteur :

La bonne *union des catholiques* tant prêchée par la *Vérité Française* et par la *Croix* consiste, paraît-il, à ne pas en rendre compte (1) autrement qu'en quelques lignes. Ah ! s'il s'agissait de retraites pour quelques *moines* ou quelques *nonnettes* : c'est ça qui serait intéressant !

Eh ! oui, Docteur, « nonnettes et moines », volés, chassés, proscrits par la République, sont plus intéressants que les ouvriers grévistes, alcooliques en si grand nombre.

C'est surtout la *Vérité française* qui, dénonçant avec

____

(1) Il s'agit d'un *Discours* de l'abbé Lemire sur les retraites ouvrières.

un courage et une rectitude d'orthodoxie impeccable les « nouveautés » téméraires de l'américanisme, de Madame Marie du Sacré-Cœur, du loisysme et du dogmatisme moral de M. Le Roy, c'est surtout la *Vérité française* qui a eu l'honneur de recueillir les plus jolies injures de la part des apôtres de la charité démocratique qui écrivent à la *Justice sociale*. Je ne sais pas si la *Vérité* en fait la collection ; mais elle est aussi longue que panachée.

La *Vérité française* — « l'odieuse *Vérité française* » — est le journal « réfractaire » : réfractaire, quelle horreur ! « Réfractaire » à qui ? à quoi ? on ne le dit pas.

La *Vérité française* est le journal « condamné » par Rome, par le Pape. — Notez que Rome et le Pape l'ont « béni » maintes fois : mais ces « bénédictions » n'existent pas pour la *Justice sociale*, qui a le besoin invincible d'excommunier ses adversaires et de les faire condamner, comme elle a été condamnée elle-même pour ses idées « funestes ».

La *Vérité française* est « la feuille sectaire qui ment, qui calomnie, qui diffame à tort et à travers » démocrates, américanisants, loisystes et partisans de M. Le Roy.

La *Vérité française* est le journal « où l'on dépose... des ordures » : quiconque attaque la *Justice sociale* ne peut « faire que des ordures ». Un malin dirait : « Oui, s'il la cite, même pour la réfuter ». Mais ce malin imiterait la *Justice sociale*, et Dieu nous préserve de ce malheur !

Voici quelques autres échantillons plaisants des attaques de la *Justice sociale*, 31 mars 1905 :

Cet article (de l'*Osservatore Romano*) a navré la *Vérité française*, qui exhale toute sa douleur dans son numéro du 9 mars.

Notez que la *Vérité française* n'était pas plus « navrée » que vous et moi, et qu'il n'y avait rien qui pût la navrer.

Et cet entrefilet de M. Pierre Dabry, le 4 février 1905 :

Toujours le même, M. Auguste Roussel !

Combien un peu de simplicité et de franchise vaudrait mieux que toutes *ces finasseries*, en quoi M. Roussel semble faire consister tout l'art du journal !

Voici qui est plus grave, le 18 février 1904 :

La *Vérité française* a publié la lettre suivante qui lui a été adressée par M. Louis Dimier :
        « Paris, 9 février.

 « Monsieur le Directeur,

 « Dans les listes de souscription que l'*Humanité* de « M. Jaurès public — *pour les familles des victimes des* « *massacres de Russie* (ce sont les termes de ce journal), — « voici la mention que je rencontre aujourd'hui :

 « Un groupe de jeunes gens catholiques du *Sillon* de Paris « (2ᵉ versement) 2 fr. 45. »

 « N'y a-t-il pas lieu de marquer publiquement l'étonne- « ment que cause une pareille mention en un pareil « endroit ?

 « Très cordialement à vous.   L. Dimier. »

N'y a-t-il pas lieu de marquer, dirons-nous à notre tour, que cette façon de faire du journalisme a quelque vague *res- semblance avec les procédés en honneur chez Vadécard* ? Si on se rappelle que déjà, l'année dernière, M. Louis Dimier fit tout exprès le voyage de Rome pour porter au Vatican la *fiche* de l'abbé Lemire, on ne complimentera pas ce profes- seur d'une Institution catholique sur l'élégance de ses gestes.

Eh quoi ! relever un fait public, une souscription publique, c'est la même chose qu'élaborer, dans l'ombre des Loges, les « fiches » délatrices de Vadécard, Percin et André !

Et puis, de quel droit *la Justice Sociale* transforme- t-elle M. Dimier, victime de ses sympathies pour les Maristes expulsés, en mouchard, colporteur de « fiches », comme si, à Rome, le Pape et les cardinaux ne pouvaient pas s'adresser aux évêques, et non aux laïques, pour être renseignés sur M. l'abbé Lemire ! M. l'abbé Lemire est payé pour savoir que les avertissements, plutôt désagréables, qu'a dû lui faire parvenir en mai dernier le cardinal archevêque de Paris, n'émanaient pas précisément de M. Dimier, mais de Mgr Turinaz.

Le 6 mai 1905, M. l'abbé Naudet, auquel le P. Fontaine reprochait, depuis un an, dans *la Vérité*, les excentricités dangereuses qu'il débitait sur l'Ecriture Sainte, du haut de la « pétrolette » où il est juché, lâchait les aveux significatifs qu'on va lire sur les adversaires qu'il rencontre jusque chez les prédicateurs de « retraites ecclésiastiques » :

Plusieurs voudraient notamment que la *Justice Sociale* « attrapât » certains écrivains qu'ils nomment de noms divers, et que l'un d'eux appelle pittoresquement des « chercheurs d'hérésies » ; ils en indiquent même quelques-uns.

J'avoue que je me sens peu de goût pour cette besogne.

Au cours de ma vie, soit comme homme privé, soit comme journaliste, je me suis toujours abstenu, autant que possible, de ces polémiques personnelles. Bien souvent *on a bavé sur moi* (1), toujours je me suis senti incapable de baver sur les autres ; c'est une littérature que notre maison ne tient pas. Et quand je rencontre un de ces bonshommes qui prennent je ne sais quel âpre plaisir à maculer leurs contemporains, je me garde bien de leur rendre macule pour macule. Leur besogne ne m'inspire que de la pitié ; elle m'inspirerait du mépris, si je n'étais chrétien.

Voilà pourquoi je n'ai rien répondu à M. l'abbé Fontaine qui, après m'avoir *calomnié* (2) périodiquement dans la *Vérité*, a, dit-on, réuni ces calomnies en un volume, pour en faire de l'argent ; voilà pourquoi je n'ai pas traité comme il le méritait le *pieux congréganiste qui m'a calomnié dans la dernière*

____

(1) Voyez comme il est charitable et sacerdotal d'appeler « bave » des critiques très loyales et très permises !

(2) En quoi donc l'abbé Fontaine vous a-t-il « calomnié »? Montrez-le, prouvez-le.

— 163 —

retraite ecclésiastique de Rennes, en présence de l'Éminentis-
sime Cardinal. Quoique l'honorable secrétaire de l'archevêque ait bien voulu me répondre, au nom de son
maître, que ce procédé qui consiste à *diffamer* les absents
lui paraissait correct, je me suis permis de n'être pas
tout à fait de son avis. Il est vrai que le même dit secrétaire a eu l'extrême amabilité, dans sa réponse, de me citer
des vers, ce qui ajoutait à l'explication un charme nouveau.
Voilà pourquoi... mais...

Notre homme s'arrête, et c'est dommage : nous y
perdons quelques révélations intéressantes sur les critiques que provoque en haut lieu *la Justice Sociale*.

Mais attendez : la voilà qui se rattrape sur *la Vérité*,
le P. Fontaine, M. l'abbé Delmont, venant après « le
cauchemar de deux ou trois vieux abbés et chanoines,
qui radotent comme de bonnes mamans ». *Justice
Sociale* du 9 novembre 1902.

M. Delmont « attrape », le 4 octobre 1905, M. Naudet,
pris en flagrant délit de calomnier « l'enseignement de
l'Eglise de France, en retard de plusieurs siècles » ;
M. Dabry, saccageant l'histoire et le bon sens ; M. Noël
Dossemond, « échenillant » la dévotion à saint Louis
de Gonzague. Que fait la *Justice Sociale* du 14 octobre ?
Prouve-t-elle à *la Vérité* que son collaborateur a accusé
fort mal à propos MM. Naudet, Dabry et Dossemond ?
Non : c'eût été difficile ; on n'avait guère fait que les
citer textuellement. Alors M. Dabry et M. Naudet
exécutent la pirouette que voici.

Plus récemment encore, dit M. l'abbé Dabry, la *Vérité
française* donnait l'hospitalité aux divagations malsaines
d'un autre correspondant qui a vu un numéro de la *Justice
Sociale* et qui a été *ahuri* comme *un sauvage habitué à manger de la chair fraîche*, qui se trouve frappé de stupeur
devant les produits de la civilisation.

Nous le répétons, nous ne pouvons relever une à une ces
incongruités.

Voilà le correspondant de *la Vérité*, M. Delmont sans doute, traité de « sauvage », de cannibale, d'anthropophage aux « incongruités malsaines ».

La *Vérité française*, dit M. Naudet, feuille sectaire, qui donnerait envie, quand on n'a pas la spéciale mentalité de ses rédacteurs, de partir pour Stamboul et de se faire musulman.

Oh ! qu'à cela ne tienne : M. Naudet peut « partir pour Stamboul », sinon pour « se faire musulman », du moins pour ne plus nous fatiguer de ses idées saugrenues. La France et l'Eglise y gagneront beaucoup.

Je n'ai aucune raison, ajouté-t-il, de suspecter la bonne foi de la plupart de ces Messieurs ; mais pour certains, c'est la bonne foi du *chien enragé*, qui mord sans trop savoir pourquoi. Le *chien enragé* n'en est pas moins un fléau. Le journalisme catholique, Dieu merci, n'a rien à voir avec ce monde-là.

Ah ! qu'en termes galants ces choses-là sont mises !

Et ,comme, après ces démocratiques... amabilités, M. Delmont et *la Vérité* doivent être convaincus qu'ils sont dans leur tort ! « Chien enragé ! »

A chien enragé, dis-je, il faut rendre les armes !

D'ailleurs, *la Justice Sociale* récidive le 21 octobre, sous ce titre, *Le R. P. Fontaine* :

Une jolie exécution de ce Monsieur.

Six lignes extraites du dernier numéro de la *Revue Biblique internationale* que publie le R. P. Lagrange et (1) *l'Ecole pratique d'études bibliques* des dominicains de Jérusalem.

On sait que le R. P. Fontaine a la monomanie des « infiltrations » : infiltrations kantiennes, infiltrations protestantes, etc., et il publie sur ce sujet des volumes dont nous ne parlons jamais (*Pardon, vous en avez parlé le 6 mai 1905 !*) et qui, d'ailleurs, ne se vendent pas. Pensez donc ! qui pourrait acheter de la prose parue dans la *Vérité ?* car c'est

____

(1) Pour *de* l'Ecole, probablement.

là que le R. P. dépose d'abord. — (*Et moi, qui croyais, pour l'avoir lu dans la* Justice Sociale *du 6 mai, que le P. Fontaine avait réuni ses articles « en un volume pour en faire de l'argent ! » A quel abbé Naudet s'en rapporter ? A celui du 6 mai, ou à celui du 21 octobre ? « Contradiction, mauvaise marque de vérité, » dirait Pascal.*

Il en est de cela, ajoute la *Justice Sociale* du 21 octobre 1905, comme des injures, des calomnies et diffamations (*lesquelles, s'il vous plaît ? Il faudrait pourtant les signaler, pour en montrer l'horreur !*) que l'abbé Delmont, à l'instar du R. P., produit périodiquement dans le même journal contre la *Justice Sociale* et les démocrates chrétiens. On nous demande pourquoi nous ne répondons jamais à ces Messieurs. Eh ! bonnes gens, à qui donc et pourquoi voulez-vous que nous répondions ?

Ce n'est pas notre métier de faire croire *à la vie de ce qui n'existe pas.*

Les six lignes annoncées si bruyamment constatent que *la Revue Biblique* n'a pas nommé trois fois le R. P. Fontaine, « grand pourfendeur d'exégètes ». Un point, c'est tout...

Et *la Justice sociale* d'ajouter triomphalement :

C'est, on le constatera, suffisamment dédaigneux ; il nous paraît inutile de rien ajouter.

Ajoutez ce qu'il vous plaira : le P. Fontaine ne s'en portera que mieux, à moins que *la Justice Sociale* n'en vienne aux voies de fait. Lisez, en effet, cette note suggestive des *Infiltrations protestantes et l'exégèse du Nouveau Testament,* p. 211 :

Un petit fait montrera où l'on en est à la *Justice Sociale.* Dans un fragment de ce chapitre, publié récemment par la *Vérité,* j'avais pris pour trois étoiles les trois XXX qui servent de signature à l'article que je viens de citer *très exactement.* Or, le masque *trois étoiles* sert, paraît-il, habituellement à un autre complice, politicien aux allures d'apache, qui, pour venger mon irrévérence à l'égard de son anonymat, a trouvé tout naturel de me menacer de voies de fait et de violences. Des coups de poing, voilà un argument qui ne vaut guère en matière d'exégèse et de théologie biblique. On ne s'attendait point non plus à le rencontrer dans un journal ecclésiastique ; je ne le mentionne ici que pour le laisser à la charge de son éditeur responsable, M. l'abbé Naudet.

Voici l'article visé par le P. Fontaine :

Je voulais aujourd'hui vous parler de l'impôt sur le revenu ; mais je vous demande la permission de renvoyer ce sujet à plus tard ; j'ai à faire une autre besogne, laquelle consiste *à tirer les oreilles ici*, publiquement, à un certain M. Fontaine qui écrit dans la *Vérité* dite *française*, où il est payé *pour diffamer* à bouche-que-veux-tu l'abbé Naudet et nos amis.

S'il plaît à M. l'Abbé Naudet, de répondre par un dédaigneux silence aux *indignes attaques* de cet abbé, cela ne me regarde pas. Mais, en ma qualité de laïque, j'ai moins de patience et j'affirme ici que ce monsieur, lequel ne recule devant rien lorsqu'il s'agit de diffamer les gens, à inventé de toutes pièces ce qu'il dit de moi dans son article du 2 octobre dernier. (*Justice Sociale* du 8 octobre 1904).

Ces grossièretés viennent du « même tonneau » que celles que M. Fonsegrive servait, dans la *Quinzaine* du 16 décembre 1903, au P. Fontaine et autres écrivains de la *Vérité française*, adversaires de M. Loisy ; « Des sycophantes sans esprit, sans talent, sans autre mission que celle que leur vanité s'attribue... On sent à lire certains articles la joie que donnerait à certains hommes la chute, l'hérésie déclarée de quelques catholiques, prêtres ou laïques, qu'ils n'aiment pas. Semblables à ces oiseaux qui viennent voler autour des maisons où la mort va se poser, ils crient déjà de joie dans l'attente du cadavre.

« *Oiseaux noirs, oiseaux immondes*, nous n'aurons jamais assez de mépris pour leur ingrate nature, assez de pitié pour leur misère, assez de tristesse pour leur aveuglement. »

Et dire que ces gens-là prêchent « la mansuétude évangélique » et la « justice sociale ! » Qu'ils commencent donc par les pratiquer eux-mêmes, en évitant de pareilles insolences.

Le P. Fontaine exécuté, vient le tour de MM. Roussel, Arthur Loth, Delmont, Barbier.

MM. Auguste Roussel et Arthur Loth sont « les flétris » de la *Vérité*. Fondée spécialement pour faire la guerre aux directions du Saint-Siège et aux catholiques qui y conforment leur conduite, elle n'est le plus souvent qu'un démarquage de la *Lanterne*, et la diffamation et l'injure y tiennent la place de la discussion (1). C'est un métier qu'elle exerce avec succès depuis douze ou treize ans et où son aptitude semble croître en raison des difficultés qui fondent sur l'Eglise et que ses manœuvres intéressées ont tant contribué à lui créer. Il n'est pas de *vilenie* que sa servilité à l'égard des partis qui la font vivre ne soit prête à publier.

Lisez la réponse de M. Auguste Roussel, le 24 octobre :

Il ne saurait nous déplaire que, d'une part, le même numéro de la *Justice sociale* couvre d'injures le P. Fontaine, parce qu'il fait paraître dans nos colonnes ses vigoureuses et savantes études d'exégèse biblique, et que, d'autre part, les co-directeurs de la *Vérité Française* y soient qualifiés de « flétris ».

Véritablement, ce nous est un honneur appréciable et une non moindre satisfaction d'être *flétris*, par de telles gens, en si bonne compagnie !

M. l'abbé Delmont, pour avoir défendu saint Louis de Gonzague contre Noël Dossemond et l'enseignement de l'Eglise de France contre M. Naudet, est traité, le 4 novembre 1905, de « censeur âpre, violent, injuste, haineux,... impitoyable ». — Avec son « ivresse du verbe », M. Naudet peut continuer tout à son aise de « diffamer à bouche que veux-tu ».

(1) Comme M. Pierre Dabry « prête aimablement ses qualités aux autres ! »

Eh quoi !, il vient de dire que « ce n'est pas le métier (de *la Justice Sociale*) de faire croire *à la vie de ce qui n'existe pas* »; et il répond quand même à « ce qui n'existe pas ! » — Oui, il y répond deux fois, le 14 octobre, et l'une de ces réponses est une lâcheté anonyme : « On nous écrit »; il y répond une troisième fois, le 4 novembre, où les injures se multiplient; il y répond une quatrième fois, le 18 novembre, pour refuser une insertion de lettre, que commandait la plus vulgaire loyauté et que M. Naudet repousse sous prétexte que la lettre n'est pas sur « papier timbré » !

Et voilà la polémique de M. l'abbé Naudet vis-à-vis « de ce qui n'existe pas ». « Il semble que M. Delmont, docteur ès-lettres, professeur à l'Université catholique de Lyon, « existe » au moins autant que M. l'abbé Naudet.

On nous permettra de dire ici que, lorsque M. Naudet a voulu, au nom d'une condamnation par l'*Index*, en 1889, d'un *Cours de philosophie élémentaire* de M. Delmont, lui enlever le droit de critiquer la *Justice sociale*, M. Delmont n'avait qu'à répondre : « Comment ! vous avez dit que la condamnation de M. l'abbé Loisy se réduisait « à une spéciale autorisation pour le lire »; vous avez dit tout récemment : « *Nous connaissons tous des auteurs dont les ouvrages ont eu des éditions aussi multiples qu'inespérées, à partir du moment où ils ont été condamnés par l'Index* »; vous avez pour ami et pour collaborateur M. l'abbé Quiévreux, dont les trois volumes sur le *Paganisme au XIX*º *siècle* sont à l'*Index*, et c'est vous qui prétendez maintenant que mon *Index*, bien moins grave et après lequel je me « suis soumis louablement », — ce que n'a point fait M. Loisy, — m'enlève le droit de défendre « l'orthodoxie » ! A d'autres, s'il vous plaît ! »

M. l'abbé Emmanuel Barbier ayant publié une excellente brochure, *les Idées du Sillon*, louée, approuvée, par NN. SS. Sonnois, Turinaz, Douais, de Cabrières, Dubillard et l'évêque de Liège, le docteur Lancry exécute ces téméraires le 11 septembre 1905 :

M. l'abbé Barbier. — A propos de ce que je disais tout à l'heure, que, nous autres catholiques, nous n'avons d'encre que pour nous déchirer, je voudrais bien savoir qui est M. l'abbé Barbier, qui a *pondu* un livre si drôle sur le *Sillon*, et dont je trouve une très longue lettre dans *l'Eveil démocratique* du 5 novembre. Est-il du clergé séculier et, dans ce cas, à quel diocèse appartient-il ? Est-il du clergé régulier et, dans ce cas, à quel ordre appartient ou appartenait-il ? Je m'imagine que *c'est une « bonne blague » que m'a contée un mauvais plaisant* ; mais on m'assure qu'il aurait écrit son livre avec la pensée d'arriver à faire partie de la faculté de théologie de Lille, *de la petite coterie qui a bombardé* le vénéré chanoine Delassus, docteur en théologie, *honoris causa*, c'est-à-dire sans que le titulaire de ce titre fût même bachelier.

Allons, je ne veux pas de mal, tout au contraire, à M. l'abbé Barbier, et qu'on le nomme « docteur en théologie », comme son ami le chanoine. Les deux feront la paire. Et ils auront ceci de commun que, *n'ayant jamais rien fait de positif* (1), ils auront travaillé avec acharnement à empêcher les autres de faire quelque chose.

M. de Mun parle, avec des accents indignés, au banquet de l'Action libérale populaire, de « la loi d'apostasie », qu'est la loi de séparation. — Aussitôt l'abbé Dabry de dire : « Vent de folie ! » à l'adresse de l'éminent orateur catholique (*Justice sociale* du 23 décembre 1905).

M. Piou compare Loubet à Pilate. — « Cela tient plus de l'insulte que du jugement » ; c'est « une faute, » dit M. l'abbé Naudet, indigné de cette comparaison si juste

(1) Ils ont l'un et l'autre « fait assez de positif » pour mériter la haine et les injures du Dr Lancry.

pour l'homme qui n'a su que « parapher et parader ».

Voici, en résumé, la polémique de la *Justice Sociale* :

Le Pape ? Il a servi les intérêts « d'un venimeux procès » et « anathématisé des formules imaginées dans les bureaux de la *Vérité* ».

Rome ? Elle « est créée par Dieu pour nous dire si... deux ânes et trois chameaux font cinq bêtes ».

Le cardinal Coullié ? « Il a fait un abus véritable de la charge de supérieur. »

Le cardinal Oréglia ? « Il a la plus vive sympathie pour la *Semaine de Cambrai* », dont les lecteurs sont « des fossiles momifiés » et le directeur, « à l'esprit atrophié », est « un scandale permanent ».

Mgr Dubillard ? C'est un « imprudent agresseur, incohérent, léger ; il a l'intention de nuire et *prostitue* à la bassesse des intérêts de ce monde son caractère auguste, sa dignité, son autorité ».

Mgr Turinaz ? Un « impertinent », qui « maudit ce que Rome bénit » et ose se défendre contre l'abbé Lemire !

Mgr Le Nordez et Mgr Geay ? Deux « victimes d'un pieux imbécile et d'une coterie politique », dont Sa Sainteté Pie X s'est fait le complice.

Le nonce Mgr Lorenzelli ? « Une tuile » que sa Lettre. « Ou il se trompe, en félicitant et en faisant « distinguer » le chanoine Delassus », ou « il ne s'inspire pas bien de la pensée du Saint-Siège ».

Mgr Monnier, évêque de Lydda ? « Evêque non concordataire, dans une situation très fausse », souteneur « des campagnes antisociales » du chanoine Delassus et d'une « mentalité » telle que, si le Pape nommait des des évêques comme lui et « Mgr Turinaz », ce serait « la guerre intérieure, l'effondrement de la France,... une calamité pour la France ! »

Mgr Delassus ? « Chenille ! sac à charbon. Tartuffe, va ! Paire d'oreilles d'âne ! Attitude, procédés, caractère, ignorance méprisables ! On « enrage » à le lire. *J'aime mieux des diables !* »

L'Université catholique de Lille ? Une « petite coterie », moule « à bonnet doctoral pour qui serait incapable d'être bachelier ».

Les *Semaines religieuses* en général ? « Platitude niaise, formidable nullité, incommensurable insignifiance ! »

La *Semaine religieuse* de Paris ? Littérature, ou plutôt « patois de Chanaan », œuvre d'un « anonyme d'étroit cerveau et d'âme fuyarde », d'un « gens de plume, rendant un son de monnaie ».

La *Semaine religieuse* de Cambrai ? « Sa principale caractéristique est d'être négative ⸱ de toute théologie, de toute direction pontificale, de toute réforme, de tout scrupule. Elle soutient une lutte sauvage, fielleuse, suintant la haine et l'envie, une lutte à coup de mensonges, de calomnies perfides, de citations tronquées » !!

Nos théologiens ? « Mentalité moyennageuse, qui est celle de notre théologie officielle ».

Nos Grands Séminaires ? « Trop de messes. Routine. Professeurs incapables ! »

Nos prêtres ? « Trop modestes et de trop peu d'initiative. Ils n'enseignent pas assez l'Evangile. Ils se sont faits les prisonniers des riches. »

Nos catholiques ? « Le clan des esprits fermés (7 mai 1904). Ils ont perdu la bataille, sont couverts de ridicule, et responsables du désarroi où nous sommes. »

La bonne presse ? « Elle brouille tous les matins la religion avec tout le monde. »

L'*Anjou* ? « Sophiste. »

La *Dépêche* de Lille ? « Réfractaire, gallicane, aux larmes de crocodile. »

Le *Nouvelliste de Lyon ?* « Il injurie à bouche que veux-tu. »

La *Croix de Paris ?* « Elle a besoin d'une croisade de prières », elle « qui s'occupe de moines et de nonnettes ».

La *Vérité Française ?* « Odieuse, sectaire, chien enragé, vrai fléau ; feuille où l'on dépose, « condamnée », rédigée par « des flétris », prêts à toute « vilenie » !

M. Dimier ? Un mouchard, un « Vadécard ! »

Le P. Fontaine ? « Calomniateur périodique. Une jolie exécution de ce Monsieur ! »

M. l'abbé Delmont ? « Ce Monsieur qui dépose dans la *Vérité*, qui essaie de salir les démocrates chrétiens et, qui, quoiqu'il « n'existe pas », « est un critique impitoyable », aux incongruités malsaines ; un sauvage habitué à manger de la chair fraîche ».

M. l'abbé Emmanuel Barbier ? « Digne de faire la paire avec le chanoine Delassus », « la paire d'oreilles d'âne » que l'on sait.

M. de Mun ? Un « fou ».

M. Piou ? Un « insulteur ».

Mon nom va bientôt enrichir la galerie des « insultés » ; mais je serai en trop bonne compagnie pour ne pas m'y exposer de gaieté de cœur à tous les outrages.

On pourrait multiplier les exemples de ces insolences gratuites. Mais à quoi bon ?

Mieux vaut faire remarquer que *la Justice Sociale* est toute bienveillance et toute charité pour les « républicains » ses frères, pour les protestants (1), les « francs-

____

(1) Aussi le *Chrétien Français*, organe de la réforme évangélique dans le catholicisme et rédigé par des défroqués, fait-il, le 4 mars 1904, du livre de M. Naudet : *Pourquoi les catholiques ont perdu la bataille*, des éloges qui répugneraient à d'autres.

« Le nom de l'auteur de cet ouvrage est à la fois une garantie de compétence et une assurance de l'intérêt que le lecteur ne man-

maçons » même sectaires, qu'elle veut ramener en les ménageant, et qu'elle réserve toutes ses rudesses, toutes ses insolences, toutes ses colères, que *la Lanterne* caricaturait naguère, pour des catholiques, des évêques, des prêtres, des journalistes absolument dévoués à la cause de l'Eglise.

Est-ce de la « justice » ?

Est-ce de la convenance « sociale » ?

S'il y a des « sectaires », des « chiens enragés » de par le monde, ils ne fréquentent pas *la Vérité Française* : M. l'abbé Naudet les connaît aussi bien que nous, et il s'honorerait, en les fustigeant comme ils le méritent, au lieu de se déconsidérer, en s'en prenant aux défenseurs des saines doctrines, dont il n'a pas le droit de calomnier les intentions, alors qu'ils n'attaquent pas les siennes et ne relèvent que ses écarts.

quera pas d'y trouver. M. l'abbé Naudet est l'un de ces convaincus dont le cœur déborde de ce qui remplit leur intelligence. Ceux-là mêmes qui ne partagent ni ses vues, ni sa foi, se laissent entraîner au torrent de son style et au mouvement chaleureux de sa pensée toujours élevée et noblement chrétienne. »

CONCLUSION

On voit donc, par cette étude sur la *Justice sociale*, qu'il n'y a pas eu, depuis treize ans, de « nouveauté » dangereuse, dont elle ne se soit faite la propagatrice et qu'elle n'ait maintenue plus ou moins, malgré les condamnations de Rome et des évêques.

Américanisme, adaptation des dogmes aux besoins de la civilisation moderne et dédain pour les vertus passives et la vie religieuse ;

Adhésion aux critiques amères de Madame Marie du Sacré-Cœur contre les « religieuses enseignantes » à réformer par l'Institut Notre-Dame ;

Mépris des « méthodes traditionnelles », recommandées par Sa Sainteté Léon XIII dans sa *Lettre au clergé de France* sur les études ecclésiastiques et l'action sacerdotale (1) ;

Complaisance dangereuse pour les théories de M. Le Roy, faisant des dogmes de « purs non sens », avec une simple « valeur négative » et une « valeur pratique » ;

Eloges compromettants pour la *Quinzaine* et pour la nouvelle revue lyonnaise, *Demain* ;

(1) Un Curé-Doyen écrivait dans l'*Univers* du 23 octobre 1905 : « Il n'est pas un prêtre sérieux en France, je l'espère du moins, qui n'approuve un programme qui consiste à mettre en pratique la parole du glorieux Pontife Léon XIII, répétée par son successeur Pie X : il faut aller au peuple. Cependant, ce programme, si raisonnable, si conforme aux besoins actuels soit-il, n'est pas toujours réalisable et je tiens pour certain (hélas! c'est un fait) qu'il n'est pas possible partout. Dans certaines régions de la France, il irait même contre le but que l'on se propose. Il y a telle paroisse, tel diocèse, où il suffit qu'un prêtre prenne l'initiative d'une œuvre de ce genre, pour qu'elle soit frappée de stérilité, vouée à l'insuccès et que le vide se fasse autour du prêtre qui l'a entreprise. Pour les populations de ces pays, le prêtre est fait uniquement pour dire la messe, prêcher, administrer les sacrements ; dès qu'il sort

Loisysme hardi, continué, même après la condamnation de M. l'abbé Loisy, dans deux séries de *Lettres sur la Bible, la Science et la Foi*, où l'autorité de l'Ancien et du Nouveau Testament est mise à mal, ainsi que l'Encyclique *Providentissimus Deus* ;

« Echenillage » des dévotions envers le Scapulaire, envers saint Antoine de Padoue, envers des reliques, « idoles » ou « fétiches », envers saint Louis de Gonzague, à la vie encombrée « de puérilités », « d'excentricités dignes des fakirs de l'Inde et des Aïss-a-ouahs », envers le Bienheureux curé d'Ars, qui « a fait beaucoup de mal à l'Eglise de France » ;

Méconnaissance des instructions pontificales sur « la patience » et la résignation chrétiennes à recommander aux ouvriers ;

Exaltation de leurs droits, au détriment de leurs « devoirs chrétiens » ;

Excitation à « la haine et à l'envie » des capitalistes ;

Négation du « droit absolu » de propriété ;

Appel à l'intervention « obligatoire » de l'Etat, dans les questions sociales ;

Mépris formel de l'aumône, « qui humilie, abaisse » le pauvre, par des « bureaux de bienfaisance, bureaux d'indigence » ;

Accusations odieuses contre l'Eglise des xvie, xvii^e

de ces attributions, il s'occupe de choses qui ne sont pas de son ressort et alors il perd de son prestige et l'on s'éloigne de lui. — Préjugé, me direz-vous, qu'il faut faire disparaître. — Soit, mais, je le répète, c'est un fait et l'on est bien obligé d'en tenir compte. Je pourrais vous citer tels de mes confrères, prêtres de foi, qui, bravant l'opinion publique, se sont lancés dans les œuvres indiquées plus haut. Ils y ont apporté tout leur zèle, toute leur activité, toute leur intelligence, et, malgré cela, ils ont vite abouti à un lamentable échec et ils ont senti diminuer autour d'eux leur influence surnaturelle sur les âmes confiées à leurs soins. L'un d'eux, découragé, en était même arrivé à cette conclusion excessive : non, décidément, il n'y a plus rien à faire.

et xviii⁰ siècles, et contre l'enseignement de l'Eglise de France, « en retard de plusieurs siècles » ;

Etrange indulgence pour Julien l'Apostat, qui n'aurait été ni « apostat », ni « perfide oppresseur des consciences » chrétiennes ;

« Excuses » déplorables, alléguées en faveur de Voltaire, en faveur du chevalier de La Barre, dont le supplice odieux retomberait sur l'Eglise ;

Calomnies contre les Ecoles libres, sacrifiées à la « neutralité » scolaire et à la presse ;

Injures aux Facultés catholiques, excluant « les élèves intelligents » et mettant le bonnet doctoral sur « une paire d'oreilles d'âne » ;

Abus des conférences contradictoires, interdites par l'Eglise et que les évêques seuls peuvent autoriser ;

« Immixtion », prohibée par Léon XIII et Pie X, de la « démocratie chrétienne » dans la politique ;

Interprétation exagérée des « directions pontificales » de 1892 ;

Ordre de s'abstenir dans les élections ou même de voter pour « le méchant candidat » plutôt que pour un monarchiste catholique ;

Etrange assimilation entre les « catholiques italiens » et les catholiques français « à la porte de leur pays » ;

« Hors de la République, point de salut » ;

Approbation donnée à « Jeannot », catholique votant pour des « ennemis de la religion » ;

Polémique injurieuse contre Léon XIII, le cardinal archevêque de Lyon et le cardinal Oréglia ;

Contre Mgr Dubillard, de Quimper ;

Contre Mgr Turinaz, de Nancy ;

Contre Mgr Lorenzelli, Nonce apostolique ;

Contre Mgr Monnier, évêque de Lydda ;

Contre Mgr Delassus, directeur de la *Semaine religieuse* de Cambrai ;

Contre le Pape Pie X pour « les évêques à nommer » ;

Contre les *Semaines religieuses* en général et celles de Paris et de Cambrai en particulier ;

Contre la presse catholique ;

Contre le clergé français et les Grands Séminaires ;

Contre M. l'abbé Maignen ;

Contre l'*Anjou*, la *Dépêche* de Lille, le *Nouvelliste de Lyon*, la *Croix* de Paris ;

Contre la *Vérité Française*, « réfractaire, sectaire, » « chien enragé », dirigée par des « flétris » ;

Contre M. Dimier, transformé en mouchard ;

Contre le P. Fontaine ;

Contre « le pieux congréganiste qui a calomnié M. Naudet » à Rennes ;

Contre M. l'abbé Delmont, « qui n'existe pas (?) » ;

Contre M. l'abbé Barbier ;

Contre M. de Mun et M. Piou.

Voilà les griefs que l'on relève, en parcourant la collection de la *Justice sociale*, et en la citant avec impartialité. N'est-ce pas plus que suffisant pour justifier la mesure sévère prise par Mgr Dubillard en 1901 ?

« La lecture de la *Justice sociale* ne peut qu'être FUNESTE A LA DISCIPLINE ECCLÉSIASTIQUE ET A LA FORMATION DU JEUNE CLERGÉ » : — à « la discipline ecclésiastique », qui souffre de voir l'autorité épiscopale indignement méconnue dans la personne du vénérable cardinal de Lyon, dans la personne de l'évêque de Quimper, dans la personne de Mgr Lorenzelli, dans la personne de Mgr Monnier, dans la personne de Mgr Turinaz, auquel Léon XIII écrivait, après la condamnation de l'américanisme de la *Quinzaine*, pour le féliciter de son « art de bien dire », de son « zèle éclatant pour la reli-

-gion », enfin, de ses projets : « Que sur ce point ceux-
là surtout vous prêtent aide et concours qui appartiennent aux saints ordres, et dont la principale gloire doit
être d'écouter *leur évêque comme un maître* et de le
suivre *comme un chef.* » Que penser de ceux qui,
avec le docteur Lancry, voudraient ridiculiser « ce
maître » et ce « chef » ? — « à la formation du jeune
clergé », puisque Léon XIII et Pie X ne veulent chez
lui ni « américanisme », ni loisysme, ni rationalisme
exégétique, ni modernisme, ni « nouveautés », chères
à la *Justice sociale*; mais la piété profonde, la foi vive et
ardente, l'esprit sacerdotal et la science acquise par les
« méthodes traditionnelles », qui nous ont donné les
Pétau, les Mabillon, les Thomassin, les Bossuet.

« L'Église, a dit le cardinal Perraud, est moins inquiète
des attaques dirigées contre elle par les ennemis du
dehors qu'elle n'est émue des périls suscités aux âmes
par les témérités de quelques-uns de ceux sur lesquels
elle avait cru pouvoir compter pour protéger et
défendre la foi de ses enfants. »

La *Semaine religieuse* de Bourges du 1er décembre
1905, après avoir résumé sous ce titre : *Une question
doctrinale*, l'affaire Le Roy et la « fausse attitude » du
P. Sertillanges, qui s'est heureusement rétracté, conclut ainsi :

Un grave conseil

A cette occasion, nous voulons avertir et prier les lecteurs
de revues en général et MM. les membres du clergé en particulier de choisir avec grand soin entre les organes de
publicité qui sollicitent leurs préférences et leurs abonne-
ments. Il en est aujourd'hui un certain nombre en diverses
villes de France, à Paris, à Lyon, etc., qui appartiennent
ouvertement à ce qu'on appelle *la « nouvelle école »*, et qui
adoptent, qui répandent des *théories philosophiques, religieuses, sociales*, faites pour égarer les esprits, pour ébranler les vérités les plus fondamentales, pour affaiblir les

principes de la *discipline* et de *l'autorité* dans notre Eglise catholique.

Nous nous proposons de suivre ce mouvement d'idées fausses et subversives, et nous ne négligerons rien pour prémunir nos lecteurs, prêtres et fidèles, contre les dangers que font courir à leur foi les *audaces de cette « école nouvelle »*.

S'il est permis de recevoir une leçon de la part de ses ennemis, *fas est ab hoste doceri*, écoutons ce que dit M. Paul Sabatier, protestant de nuance fort avancée, dans une récente brochure (1), où, après avoir formulé contre l'Eglise et ses vrais défenseurs les récriminations les plus amères, il se laisse aller à la plus douce espérance, en songeant à l'apparition, au sein même de l'Eglise, « d'un nouveau catholicisme, celui de demain, car la dénonciation du Concordat achèvera la déroute du catholicisme d'hier, ou cléricalisme, p. 97 ». Le catholicisme de demain est celui de M. Loisy, sur lequel l'auteur a écrit une page dithyrambique, vivement sentie. Ce catholicisme nouveau serait partagé par « MM. Chaine, Dabry, Lemire, Naudet, Houtin », auxquels M. Paul Sabatier unit quelques autres noms que l'on s'étonne de lire à cet endroit. Vient ensuite la mention, plus explicable, de MM. Ed. Leroy, Laberthonnière, Fonsegrive et la « brillante *Quinzaine* », qui a toutes ses admirations, ainsi que la nouvelle revue lyonnaise : *Demain*. *Demain* lui semble être, si je ne me trompe, l'expression la plus sincère du futur catholicisme.

Eh bien, la *Justice sociale* du 6 janvier 1906, ne fait qu'une réserve sur la page 93 de cette brochure, de ce réquisitoire, à propos des Frères, et elle écrit :

La sincérité la plus évidente ajoute, du moins, *un fort attrait* à ces pages où se révèle pour l'Eglise catholique une

(1) *A propos de la Séparation*, chez Fiesbacher.

sympathie (!!) d'autant plus inattendue que l'auteur n'est pas un des nôtres.

Il y aurait profit pour beaucoup à lire cet essai d'un honnête homme sur un point si controversé.

Aussi Mgr Turinaz, toujours sur la brèche, vient-il de lancer, en réponse à M. Paul Sabatier, une brochure : *Les Causes de la séparation de l'Eglise et de l'Etat : un Catholicisme nouveau et un Clergé nouveau,* où il débute ainsi :

Votre brochure me permet, en combattant votre opinion sur les causes de la séparation de réfuter des accusations qu'on s'efforce de répandre partout (1). Les éloges que vous donnez, au nom des libres-penseurs, aux doctrines d'un certain nombre de catholiques et de prêtres que j'ai combattues, m'apportent une démonstration puissante et un précieux concours. Vos éloges démontrent que ceux-là sont, non pas seulement des novateurs dans le catholicisme, mais des destructeurs du catholicisme. Il y a certes de quoi vous être reconnaissant.

Dans l'Allocution adressée par S. S. Pie X, le 12 décembre 1904, à une centaine d'archevêques et évêques de divers pays, venus à Rome, pour le cinquantenaire de l'Immaculée Conception, on lisait ces graves paroles :

« Je ne vous fais, vénérables Frères, qu'une seule recommandation : Veillez sur les Séminaires et sur les aspirants au sacerdoce.

« Vous le savez, il ne souffle que trop sur le monde un air d'indépendance, meurtrier pour les âmes, et cette indépendance s'est introduite même dans le sanctuaire : indépendance non seulement vis-à-vis de l'autorité, mais encore vis-à-vis de la doctrine. Il en résulte que certains de nos jeunes clercs, animés de cet esprit

(1) L'évêque de Nancy réfute les accusations portées contre l'Eglise catholique dans trois paragraphes : *Origine de la crise. — Situation actuelle de l'Eglise romaine en France. — Conséquences de la dénonciation du Concordat.* Il établit de quel côté se trouvent les responsabilités.

de critique sans frein qui domine aujourd'hui, en arrivent à perdre tout respect pour la science dérivée de nos grands maîtres, des Pères et des Docteurs de l'Eglise, interprètes de la doctrine révélée.

« Si jamais vous avez dans vos Séminaires un de ces savants au type nouveau *(di nuovo conio),* délivrez-vous-en au plus vite, et, à aucun prix, ne lui imposez les mains. Vous vous repentirez toujours d'en avoir ordonné, ne fût-ce qu'un seul, jamais de l'avoir exclu. »

« On sape, disait naguère à Sa Sainteté Pie X un prêtre du diocèse de Poitiers, on sape les fondements de la foi par une exégèse rationaliste, qui s'infiltre dans le clergé avec les idées kantistes. Des revues ecclésiastiques, des *journaux dirigés par des prêtres* propagent les idées de Loisy.

— Oh ! fit le Pape d'un air sévère, M. Loisy a fait encore plus de mal en Italie qu'en France ; mais je fais écrire une lettre sévère, pour interdire d'ordonner les clercs qui professeront ces idées-là. (Il les avait appelés déjà « les abbés nouveau-type »). Quand on ébranle les fondements de la foi, que reste-t-il ? »

Rien, hélas ! et M. Fonsegrive lui-même constate, dans la *Quinzaine* du 1er janvier 1906, p. 28, que « la fermentation intellectuelle du jeune clergé est LAMENTABLE ». La faute, quoi qu'il en dise, en est en partie à la *Quinzaine* et à la *Justice sociale*.

Ecoutons donc M. le comte Albert de Mun, disant l'autre jour dans les *Annales de la Jeunesse catholique :*

Vous savez comme Bossuet parle dans l'Oraison funèbre de la reine d'Angleterre. Il décrit « l'état déplorable des catholiques anglais » dans ce temps de la persécution. *« L'erreur et la nouveauté* se faisaient entendre dans toutes les chaires, et la doctrine ancienne qui, selon l'oracle de l'Evangile, doit être prêchée jusque sur les toits, pouvait à peine parler à l'oreille. »

Il cherche la raison profonde de ce désordre des esprits, et ce n'est pas dans les disputes théologiques, dans les querelles liturgiques qu'il la découvre. « Quelque chose de plus violent se remuait dans le fond des cœurs : c'était un dégoût secret de tout ce qui a de l'autorité, et une *démangeaison d'innover sans fin.* »

Que voilà bien notre état présent !

A cette « démangeaison » il n'y a qu'un remède, qui est la vérité vraie, la vieille vérité, la vérité intégrale. Mais :

Hoc opus, hic labor est !

Louis Veuillot, à qui il faut toujours revenir, parce qu'il a vu jusqu'au fond l'âme de son siècle, écrivait, il y a quarante ans :

« Les âmes sont malades et d'une terrible maladie, la fatigue et la terreur de la vérité. »

On dirait que le diagnostic est d'hier. Car, ainsi que parle l'Ecclésiaste : « Une génération passe et une génération vient ; mais la terre toujours reste debout. »

Oui, cela est vrai, la même maladie tourmente les générations contaminées au berceau par le poison révolutionnaire. La vérité les choque et les irrite, les lasse et les épouvante tour à tour, parce qu'elle est une condamnation et une règle : la condamnation de l'erreur fondamentale sur laquelle repose tout l'édifice moderne ; la règle de toute action, destinée à construire sur ses ruines un édifice nouveau.

Mais « qu'est-ce que la vérité ? » L'interrogation de Pilate a traversé les siècles.

L'accusé divin voulut en souffrir l'orgueilleux défi, afin, sans doute, qu'apparût, comme une leçon pour tous les temps, la funeste complicité qui unit le doute outrageant et la haine cruelle.

Pour y répondre, chaque fois qu'elle renaîtrait sur les lèvres des hommes, Il a institué son Eglise.

C'est elle qui définit et qui garde la vérité, et voilà ce qui révolte notre temps.

A nous donc, catholiques, à nous, prêtres surtout, d'écouter sa voix divine et de la défendre contre « l'erreur et la nouveauté », funestes et pernicieuses.

TABLE DES MATIÈRES

— L'*Américanisme* de l'abbé Houtin, mis à *l'Index*, vient d'être exalté par l'abbé Lissorgues, ami de Dabry, dans une *Semaine catholique*... De 8 à 16.

Madame Marie du Sacré-Cœur et les *Religieuses enseignantes* prônées par M. Naudet, parlant « des plaies » des Congréganistes, « du mesquin, de l'étroit » de leur méthode et de leur rôle « de saules pleureurs ». — Décret de la Sacrée Congrégation des Evêques et des Réguliers, 24 mars 1899, vengeant les Religieuses et méconnu par MM. Naudet, Dabry, Richeville-Bœglin et Noël Dossemond, 21 avril 1905.. De 16 à 21.

Lettre de Léon XIII sur les études ecclésiastiques et « les méthodes traditionnelles », à l'encontre de la *Justice sociale*, qui triomphe à tort. — Valeur doctrinale du *Syllabus* niée par M. Viollet et la *Justice sociale*............................ De 21 à 22

Théorie de M. Le Roy dans la *Quinzaine*, sur les dogmes, indémontrables même indirectement, inintelligibles et impensables, « purs non sens », n'ayant qu'un sens *négatif* et *pratique*. — Réfutations qu'on en a faites. — Trente-six cardinaux et évêques approuvant celle de Mgr Turinaz. — Attitude cavalière de M. l'abbé Naudet contre les théologiens, leur explication inintelligible des dogmes et leur « dénonciation derrière la porte ». — Soumission honorable de l'abbé Sertillanges. — Persistance de la *Justice sociale* dans des erreurs, taxées « d'hérésie » par Mgr Turinaz........... De 22 à 23

La revue *Demain* approuvée par la *Justice sociale*, sévèrement blâmée par la *Civilta cattolica*, pour avoir osé accuser le Saint-Siège « d'impuissance et d'hérésie »...................... De 32 à 37.

III. — *Erreurs de la « Justice sociale » sur l'exégèse et la Bible.*

Eloge des livres de M. Loisy par M. Naudet. — Leur condamnation ramenée à une « spéciale autorisation pour les lire ». — Le Saint-Office accusé par M. Trois XXX de n'avoir « précisé aucun point de doctrine », alors qu'il y a six chefs d'erreurs parfaitement « précisés » par le cardinal Merry del Val. — « Bossuet relégué aux vieilles lunes. » — Au lieu d'organiser une « momification intellectuelle et sociale » du clergé français, il faudrait lui permettre « l'hypothèse scientifique », sans « casser les reins » à quiconque se trompe. — Croisade de prières pour *la Croix*. — « Pie X a-t-il, oui ou non, condamné Loisy ? » — M. Naudet va lui apporter « sa fraternelle sympathie ». — Il publie une double série d'articles, *la Bible, la Science et la Foi*, sur l'Ancien et le Nouveau Testament... De 37 à 43.

L'interprétation de la Bible serait libre « dans les choses d'histoire et de science ». — « On peut aller fort loin » et ne voir dans la *Genèse* que « des récits légendaires » : erreur opposée aux paroles de Léon XIII. — Dieu n'a pas « laissé passer » d'erreur, d'autant plus que le dogme est lié aux récits de la *Genèse*, dont M. Naudet fait fi. — Moïse ne serait pas l'auteur du Pentateuque, rédigé au viii° siècle avant Jésus-Christ : erreur condamnée par M. Vigouroux. — Daniel n'aurait pas existé (!). — Isaïe et Jérémie n'auraient écrit que quelques pages de leurs prophéties (!). — Réponse de M. l'abbé Fontaine.................... De 43 à 49.

Lettres de M. Naudet sur les Évangiles, « discutables » et où il y aurait une « idéalisation, des accommodations, des paraphrases » des discours de Jésus (!). — Réfutation de ces erreurs par l'abbé Fontaine et quelques lecteurs de la *Justice sociale*. — M. Naudet détruit l'inspiration et l'inerrance des auteurs sacrés. — Aussi n'a-t-il pas encore publié en volume ses *Lettres*, annoncées, il y a deux ans, comme un « chef-d'œuvre »............. De 49 à 54.

IV. — *Erreurs de la « Justice sociale » sur la dévotion envers les saints.*

M. Noël Dossemond « s'essaie au gros échenillage » parmi les dévotions. — Il s'attaque au Scapulaire « marron » et le ridiculise. — Il s'attaque à saint Antoine de Padoue, « une dévotion par le trou de la serrure (?) » — Il s'attaque à la communion des neuf vendredis, « panacée incroyable ». — Il s'attaque à des reliques de la Sainte Vierge, de Notre-Seigneur, comme le font les protestants, parlant « d'idolâtrie romaine ». — Il parle de « fétiches, » de « bêtises », de « candeur ancestrale », d'os « absolument invraisemblable par son origine récente (?) », d'une relique « qui nourrit son homme », de « contrebande », etc.................. De 54 à 62.

Saint Louis de Gonzague et « l'échenilleur » Noël Dossemond, qu'il met de « mauvaise humeur » par la « chance » (de n'avoir eu aucune tentation), « inabordable à nos élèves » ; par le récit de ses vertus sans « les défauts » de ce « petit météore nébuleux » ; par des « excentricités » et un « amas de puérilités qui font rêver aux fakirs de l'Inde » ; par ses maîtres et ses compagnons, énergumènes « dignes de Bicêtre » par des légendes de « cerveaux obtus et comprimés » ; par cette absurdité d'un enfant « mettant du mal à regarder sa mère » ; et faisant « à neuf ans vœu de virginité » ; par « ces contes de fées, de brahmanes et d'Aïss-a-ouas ». — Réfutation de ces propos scandaleux par M. Delmont, dans la *Vérité* du 4 octobre............................... De 62 à 67.

Le Curé d'Ars, d'après Tartelin, « a fait beaucoup de mal à l'Église de France » : « formidable » insanité ! — « On a tiré des conclusions déplorables » d'un fait de sa vie d'étudiant ; « on a sacrifié le raisonnement à la prière ». — Mais *il* n'en est pas plus responsable que des sottises de Tartelin. — D'ailleurs, les faits allégués par lui sont faux : « on ne s'est imaginé » nulle part que « la piété suffisait pour être un bon prêtre ». — Injure gratuite aux Sulpiciens, aux Lazaristes et autres directeurs de grands séminaires, qui ont élevé le niveau des études ecclésiastiques, grâce aux évêques, aux Universités catholiques. Ils n'ont pas eu l'horreur des diplômes. — De plus, Tartelin fait preuve d'ignorance, en donnant au curé d'Ars pour maître le curé de Dardilly, alors que ce fut le curé d'Ecully, M. Balley, ancien génovéfain et régent de collège. — Tartelin attribue au curé d'Ars des opuscules rédigés par M. Monnin. — Le curé d'Ars ne ferait pas de « la science une condition de la sainteté » ; il ne lui prêterait pas « un rôle prépondérant ». — M. Naudet et la formation « humaine » du clergé français. — Réponse opportune et typique des *Annales d'Ars*, qui recommandent l'humilité à l'encontre de l'orgueil démocratique et tonnent contre les journaux « américanisants », comme la *Justice sociale*... De 67 à 75.

V. — *Erreurs de la « Justice sociale » sur les questions sociales.*

Elles sont plus impardonnables dans ce journal que dans tout autre. — « La patience » et la résignation, recommandées par Léon XIII en face des « inégalités sociales », méconnues par M. Naudet, qui crie à « l'injustice » partout, place son idéal ailleurs que dans « la résignation » et veut « le Paradis tout de suite »... De 76 à 78.

Au lieu que le Pape prêche l'union « des patrons et des prolétaires », M. Naudet dit aux ouvriers qu'ils sont les « égaux de tous » et que « l'humilité est peu humaine ». — Le Pape veut « le retour aux devoirs mutuels » des riches et des pauvres : la *Justice sociale* excite « la haine et l'envie » contre « les actionnaires ». — Elle se moque de « nos chrétiennes », « égrenant des rosaires, assiégeant le confessionnal et l'autel », et de l'Association de la Jeunesse catholique, qui écoute « des aumôniers plus ou moins myopes » et « montant des bateaux (!) »................ De 78 à 81.

La *Justice sociale* attaque « le droit absolu de propriété » proclamé par le Pape « de droit naturel »; elle appelle « le socialisme l'Evangile aigri »... De 81 à 82.

M. Naudet veut rendre « obligatoire » l'intervention de l'Etat entre ouvriers et patrons.................................... De 82 à 83.

Il prétend « qu'il est déplorable de recourir si souvent à la charité », à « l'aumône, qui humilie, abaisse le pauvre », contrairement à ce que disent l'Evangile et Léon XIII. — « Bureaux de bienfaisance, bureaux d'indigence », d'après le D* Lancry. — Eloge de *Par la Mort*, pièce de Marc Sangnier, « socialement inquiétante ».. De 83 à 85.

VI. — *Erreurs de la « Justice sociale » sur les questions historiques et politiques.*

M. Dabry attaque « toute l'organisation ecclésiastique française » comme menaçant « ruine » : « l'édifice tout entier est à rajeunir ». — Le Dr Lancry trouve « l'organisation de l'Eglise de France de même valeur que celle de la Chine ». — M. Naudet en veut obstinément aux trois derniers siècles de l'Eglise. Réponse que lui ont faite M. l'abbé Maignen et M. l'abbé Delmont, ce dernier à propos de « l'enseignement public catholique en retard de plusieurs siècles » et ne s'adaptant pas à la mentalité moderne. — Ce que dit à M. Fogazzaro la *Civilta cattolica* : c'est la société, et non pas l'Eglise, qui a besoin d'être réformée................ De 86 à 91.

D'après Noël Dossemond, Julien l'Apostat ne serait ni « perfide oppresseur des consciences », ni même « apostat ». — Réplique péremptoire de la *Revue des Deux Mondes*, d'après M. Paul Allard : Julien « lecteur » chrétien. La vérité catholique, malgré toutes les discussions, avait une évidence « capable de s'imposer à lui ». — Dans six siècles, comme aujourd'hui, nos livres et nos journaux feront foi de ce que valent Loubet, Méline, Ribot, et Briand. De 92 à 96.

Voltaire défendu par Noël Dossemond, pour sa théorie sur le mensonge et pour son mot « Ecrasons l'Infâme. » Frédéric II et Voltaire ont bel et bien visé l'Eglise du Christ.......... De 96 à 97.

Noël Dossemond prétend que le chevalier de La Barre fut mis à mort « pour avoir bravé un cortège religieux », alors que, d'après Voltaire, Cruppi, le P. Bliard, ce fut « pour avoir chanté des chansons abominables et exécrables ». — Noël Dossemond l'excuse d'avoir refusé « de se réconcilier avec le Dieu de ses juges » et l'Eglise du Christ si intolérante, comme si ces juges iniques étaient l'Eglise, fort bien représentée dans cette affaire par l'évêque d'Amiens, le Nonce et le dominicain Bosquier ! — Dossemond est inexcusable d'insulter les catholiques « au tempérament dahoméen ».. De 97 à 99.

M. Dabry prétend contre la *Croix* que « le gouvernement républicain s'est montré bienveillant et conciliateur » pour les catholiques : erreur démentie par les faits les plus éclatants.. De 99 à 100.

La *Justice sociale* s'en prend aux Ecoles libres, après avoir loué les instituteurs. — Elles n'auraient été « qu'un palliatif pour couvrir notre inaction », « le miroir fascinateur dont se seraient servis nos adversaires ! » — M. Jean Doudet critique « la maladie de la pierre » ; il scandalise les bonnes âmes « de bâtisseurs d'écoles », qui ont semé « la division », « obligé l'instituteur à se jeter dans l'opposition » ; il parle de curés qui ont eu à déplorer amèrement

« les défauts antisociaux » des Frères et des Sœurs ! Il voudrait qu'on se fût contenté « d'exiger la neutralité », absolument impossible en fait et condamnée par Pie IX, Léon XIII et l'Evangile. Au lieu d'écoles à peu près inutiles, M. Doudet et M. Lissorgues vantent « la presse, éducatrice du peuple ». — Mais on ne la lira qu'autant qu'on sortira des bonnes écoles : les catholiques belges l'ont admirablement compris et n'ont triomphé des sectaires et de leurs lois que par leurs généreux sacrifices pour les écoles chrétiennes...................................... De 100 à 108.

Attaques du docteur Lancry contre les Facultés catholiques en général et celle de Lille en particulier, « une coterie », une fabrique « à bonnet doctoral pour une paire d'oreilles d'âne ».   De 108 à 109.

La *Justice sociale* prône les conférences publiques et contradictoires, que l'Eglise a interdites par des décrets, « toujours en vigueur » et qu'expliquent les inconvénients de conférences, comme celle du 12 décembre 1905, donnée par M. Naudet...   De 109 à 111.

La démocratie chrétienne, n'étant « qu'une action chrétienne bienfaisante en faveur du peuple », peut être exercée par les monarchistes aussi bien que par les républicains et « ne doit jamais, d'après Pie X, s'immiscer dans la politique ». — Or, la *Justice sociale* excommunie quiconque n'est pas républicain. — *Encyclique* de 1890 ; *Lettre* aux cardinaux français, 16 février 1892 ; *Livre Blanc* de décembre 1905, laissant aux catholiques la liberté de leurs opinions politiques. — M. Naudet veut qu'on vote pour « le mauvais candidat », plutôt que « pour un monarchiste, dût-il être le député idéal ». — Dabry estime que « les républicains de toutes nuances doivent barrer le passage à un conservateur ». Il assimile étrangement les catholiques français aux catholiques italiens, qui ne devaient être « ni électeurs ni élus », et restaient « à la porte du pays ». — Réponse de M. Delmont............... De 111 à 116.

« La République avant tout », pour M. Dabry et son « néophyte » de Pamiers, qui, après avoir vu un évêque chez un monarchiste, entendu l'abbé Bolo et M. Piou, « ne mettra plus les pieds à l'église ! » — Réplique de M. Auguste Roussel : « Hors de la République, point de salut ! » — « Les Pharisiens » et « les révoltés », d'après M. Dabry. — « Votons pour le républicain, *quel qu'il soit !* » — Odieuses calomnies d'un anonyme contre les monarchistes, qui se seraient « alliés aux francs-maçons, aux radicaux » ! — Jeannot critiqué par une *Croix* de province, pour ses votes en faveur « des ennemis de la religion », et défendu par Dabry, qui fait à des prêtres l'injure de penser qu'ils votent comme Jeannot. — Réponse de M. Delmont. — Les imitateurs de Naudet et Dabry : le Dr Lancry, Larroque, qui contredit Carabin, préférant « un catholique royaliste à un franc-maçon républicain » ; Morien ; un anonyme qui ne voit que « des accidents dans le Concordat et les Congrégations », contrairement aux déclarations des évêques et des Papes ; un certain

Flambeau, osant écrire que « Combes avait raison, que les Congrégations n'étaient pas dignes ! » — Dabry n'aurait « aucune répugnance à voter pour M. Brisson ! » — L'Action libérale populaire
de M. Piou n'est ni un parti catholique, ni un parti. — « La République est la pierre angulaire de la France... Voilà notre foi »
(Dabry). — Mademoiselle Gervais, de la Ligue des Femmes françaises, accusée « d'outrage sanglant aux Français », pour ne s'être
pas dite républicaine : « c'est faire acte de mauvais Français ». —
Que pensait Eugène Veuillot de notre République ? Qu'en ont dit
M. Dubief, Mgr Freppel ?.................... De 116 à 129.

VII. — *Erreurs de polémique de la « Justice sociale. »*

A-t-elle une polémique ? Non ; des injures seulement.
Le Pape ? Il « a servi un venimeux procès » et « anathématisé
des formules » imaginaires..................... De 129 à 130.
Le cardinal archevêque de Lyon ? Il a « fait un abus véritable
de la charge de supérieur ».................... De 130 à 131.
Le cardinal Oréglia ? Il a « la plus vive sympathie » pour la
Semaine religieuse de Cambrai, « un scandale permanent ! » 131.
Mgr Dubillard ? « Incohérent, léger, avec l'intention de nuire,
cet agresseur prostitue « le caractère auguste, la dignité et
l'autorité dont il est revêtu » ; « cruel », d'après la *Quin-
zaine*...................................... De 131 à 133.
Mgr Turinaz ? Ses condamnations de la *Quinzaine*, de
M. Le Roy, du *Sillon*, sont passées sous silence. — Sa « lettre
impertinente » à M. l'abbé Lemire. — « Rome créée par Dieu pour
nous dire si deux ânes et trois chameaux font cinq bêtes ! » —
Excuses forcées de l'abbé Lemire à Mgr Turinaz non signalées. —
Semaine religieuse de Nancy assimilée à celle de Cambrai « aux
lecteurs momifiés ». « Il y a quelque chose de pourri ». —
Semaine religieuse de Nancy et *Bulletin de la Ligue populaire*.............................. De 133 à 137.
Mgr Le Nordez et Mgr Geay ? « Victimes d'un pieux imbécile et
d'une coterie politique ! »..................... 137
Mgr Lorenzelli, Nonce apostolique ? Sa Lettre à Mgr Delassus,
créé par le Pape prélat romain et félicité par Mgr Sonnois, est
« une tuile ! » — « Lutte sauvage, fielleuse, suintant la haine et
l'envie » de la *Semaine de Cambrai* contre les abbés Lemire et
Naudet. — « Calomnies, perfidies » de M. Delassus, qui manque
« des vertus humaines ». — « Ou Léon XIII s'est trompé, ou le
Nonce se trompe »........................... De 137 à 145.
« Deux âneries de la *Semaine* de Cambrai ». — « Tartuffe, va !
Tartufferie de style ». — « J'aime mieux des diables ». — « La
chenille Delassus »........................... 146.

Abbeville, imprimerie F. Paillart.

ERRATUM

Page 123, ligne 23, rétablir les trois alinéas comme
suit :

Accepter l'appoint des monarchistes ? Non ! Que les royalistes se présentent comme tels, ils nous rendront service.

Un monarchiste et un franc-maçon se présentent ?, Je mets un bulletin blanc.

Toujours en 1904, n⁰ˢ 554,556 de la *Justice sociale*, Larroque contredit M. R., Carabin, qui disait fort justement :

Entre un catholique royaliste et un franc-maçon républi-
cain, je choisis le premier.